IT项目经理
进阶之道

任海波◎著

U0331362

清华大学出版社

北京

内 容 简 介

　　IT项目管理是计算机信息技术和项目管理两个方向学科的重叠领域，本书作为该领域的科普图书，以PMP项目管理理论知识为基础，结合IT行业中真实的项目案例展开介绍。

　　本书分为4章。前3章由浅入深地从一般性概念开始，逐步对一些职场中被热议的话题展开探讨，涵盖IT项目管理中范围、成本、质量、时间、干系人、沟通等各方面的管理要点和笔者的职场经验。第4章分别从领导、客户、下属、供应商四个角度来介绍IT项目经理在实际工作中需要面对的来自各方面的挑战和压力，以及一些常见问题的成因和应对方法。

　　本书适合不同专业水平的IT项目管理人员、技术人员、产品经理和企业管理者，以及来自不同行业背景的PMP学员阅读。

图书在版编目（CIP）数据

　　IT项目经理进阶之道/任海波著. —北京：清华大学出版社，2022.4
　　ISBN 978-7-302-60460-0

　　Ⅰ．①I… Ⅱ．①任… Ⅲ．①IT产业－项目管理 Ⅳ．①F49

　　中国版本图书馆CIP数据核字（2022）第051336号

责任编辑： 夏毓彦
封面设计： 王　翔
责任校对： 闫秀华
责任印制： 朱雨萌

出版发行： 清华大学出版社
　　　　　　　网　　址：http://www.tup.com.cn，http://www.wqbook.com
　　　　　　　地　　址：北京清华大学学研大厦A座　　　　　邮　　编：100084
　　　　　　　社 总 机：010-83470000　　　　　　　　　　　邮　　购：010-62786544
　　　　　　　投稿与读者服务：010-62776969，c-service@tup.tsinghua.edu.cn
　　　　　　　质量反馈：010-62772015，zhiliang@tup.tsinghua.edu.cn
印 刷 者： 大厂回族自治县彩虹印刷有限公司
经　　销： 全国新华书店
开　　本： 170mm×230mm　　　　**印　　张：** 10.5　　　　**字　　数：** 235千字
版　　次： 2022年5月第1版　　　　　　　　　　　　　　**印　　次：** 2022年5月第1次印刷
定　　价： 49.00元

产品编号： 096795-01

序

2022 年，难得有机会静下心来，将十几年的职业生涯做一个总结，将一些项目管理经验和方法做一个梳理，并有幸把成果呈现给大家。对于有志于从事项目管理工作的新朋友，或打算从技术转型管理的 IT 老兵，或已经具备丰富的 IT 项目管理经验的同行，在奋斗的路上，通过我的分享，如果能引起大家的一些共鸣，引发一些思考，是笔者莫大的荣幸。

书中涉及的一些专业术语和方法论，与 PMI 组织定义下的 PMBOK 知识体系完全一致。或者说，本书是基于 PMBOK 知识体系，结合实际的项目管理经验而产生的一本项目管理进阶指南，是对 PMBOK 的知识体系在实际操作层面的补充：表达的是如何将项目管理方法论与国内 IT 职场中的现实工作相对应，将理论方法活学活用，帮助读者直面并解决职场中的项目困扰。

在项目管理领域，PMP 是相对全面且比较容易获得的资格认证，对于各行各业的从业者甚至应届毕业生都很友好。不论你是有志于从事项目管理的专业人士还是其他职业人员，不论是工作需要还是职业拓展，不论是否是 IT 从业者，掌握 PMP 项目管理知识，对你的工作、生活，甚至对世间万物的认识，都会上升一个新的台阶，它是项目管理思维的一套"广播体操"。笔者建议先获得 PMP 认证再来阅读本书，定会更加顺畅并有意想不到的收获。

本书从笔者真实的职场经验出发，向读者分享 IT 行业项目管理的现状和工作中的一些感悟。本书的初衷是帮助广大的 IT 项目管理从业者重新认识并理解我们所处的行业、所服务的公司、所从事的项目经理的工作，以及所掌握的项目管理方法论，让我们对所处的事业环境有一个客观完整的认识，搞清楚理论和现实的关系。理论是源于现实的归纳总结，当现实发生了变化，理论的框架也应被扩展，被灵活理解、运用。

国内的软件和互联网公司工作节奏越来越快，对于所招聘的项目管理人员，企业通常只关注眼前的项目需求，并不太关心这个岗位原本应具备的、但在眼下需求之外的技能，导致项目管理人才也越来越浮躁，只愿意掌握用人单位需要的技能，却忽视了自身的能力建设和职业规划，对于所从事的岗位和行业的认识也越来越片面。笔者希望通过浅显的梳理能帮助 IT 项目经理更宏观地了解自己的职业环境。项目经理不仅仅只是职场中的救火队员，更应该是全面的防火规划师。

PMBOK 的五个阶段、十大知识领域和 49 个过程组，本书假定你已经了解，所以不再赘述。如果你在工作中利用 PMP 的方法论和知识点并没有达到好的项目管理效果，或者不清楚何时何地如何应用这些项目管理知识，或者对 IT 项目管理工作中被热议的观点和话题饶有兴趣，不妨随本书——对号入座。

欢迎读者发邮件和作者互动，作者答疑邮箱为 booksaga@163.com，邮件主题写"IT 项目经理进阶之道"。

任海波

2022 年 4 月

目　　录

第 **1** 章
项目经理的生存环境

1.1 认识项目

1.1.1 什么是项目

"项目是为创造独特的产品、服务或成果而进行的临时性工作。"

以上是PMBOK（Project Management Body of Knowledge，项目管理知识体系）指南中对项目的定义。可见项目有两大特点：

（1）目的性

（2）临时性

项目自古就有，可以说有人类活动的时候就有项目了，但是现代项目管理理论直到20世纪60年代才被正式确立。有记载的项目管理的起源可以追溯到20世纪初，如图1-1所示，下面就带着大家顺着历史的轨迹，回顾项目管理领域的那些"大事"。

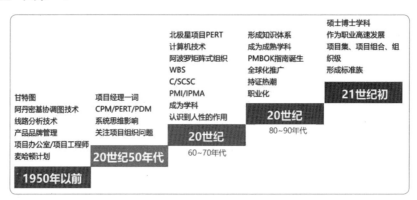

图1-1 项目管理大事记

全球项目管理发展史

★ 1950年以前

1917年，Henry Gantt发明了甘特图（Gantt Chart）。

20世纪10年代，产生了阿丹密基协调图技术，这是CPM（Critical Path Method，关键路径法）、PERT（Program（Project）Evaluation and Review Technique，计划评审技术）的始祖。

1918年，出现了网络计划技术的始祖——线路分析技术，是用来分析活动间关系的方法。

20世纪20年代，出现了"产品品牌管理"，即指定一人对某一产品的研发、生产和营销等所有工作负全责，这是项目经理的前身。

20世纪30年代，美国航空业逐步采用类似"项目办公室"的方法来监控飞机的研制过程。美国工程行业也开始设立"项目工程师"的职位来监控和协调项目相关的各个部门。

1939年，第二次世界大战爆发，项目管理被弗雷姆认为是世界大战的副产品，战争的无序之中诞生出了项目管理的有序。

20世纪40年代，曼哈顿计划应用项目管理来进行计划和协调，但也有人认为曼哈顿计划对于现代项目管理的促进作用并不是决定性的。

★ 20世纪50年代

20世纪50年代，出现了"项目经理"一词，贝曲尔特声称他们公司最先使用了这个词汇。

20世纪50年代后期，美国企业和军方相继开发出CPM、PERT、GERT（Graphical Evaluation and Review Technique，图形评审技术）等技术。

20世纪50年代，系统科学对项目管理产生了深远和根本性的影响，科兹纳把项目管理看成系统管理方法的延伸。

1959年，嘉迪斯在《哈佛商业评论》发表了题为"项目经理"的文章，探讨了高新技术行业项目经理的作用。

★ 20世纪60～70年代

20世纪60年代早期，NASA在阿波罗计划中成功采用了"矩阵管理技术"，即采用矩阵式组织的方式来管理项目。美国海军要求承包商在"北极星"项目上采用PERT，其中PDM（Precedence Diagramming Method，紧前关系绘图法）是PERT的一部分。随着计算机技术的发展，人们开始编制软件用于提高PERT和CPM的运行效率。

20世纪60年代中期，美国国防部率先在导弹项目上应用WBS（Work Breakdown Structure，工作分解结构），从此WBS成为项目管理的核心工具和知识。

1964年，约翰米在《商业地平线》杂志上发表文章，专门介绍矩阵式组织。

1965年，国际项目管理协会（International Project Management Association，IPMA）在欧洲瑞士成立。

1967年，美国国防部借助C/SCSC（成本进度控制系统方法）把项目管理正式系统化。C/SCSC也是现代挣值管理（Earned Value Management，EVM）技术的前身。

1967年，挣值管理被运用于"民兵导弹计划"，这个项目对提升挣值管理的地位有非常重大的意义，此时挣值管理还是C/SCSC的一部分。

1969年，美国项目管理协会（Project Management Institute，PMI）在美国宾州成立，倡议发起人是销售McAUTO CPM软件的恩格曼先生。

20世纪70年代，项目管理发展成为具有自身特色的专业学科，并且认识到人性对成功的项目管理的重要影响。

★ 20世纪80~90年代

20世纪80年代是传统项目管理和现代项目管理阶段的分水岭。美国、英国和澳大利亚等国家设立了正式的项目管理学位课程。

1981年，PMI正式启动了题为"道德、标准和认证（ESA）"的研究计划。

1983年，PMI发布了ESA的研究报告，在这份报告中范围管理被正式提出来。

1984年，PMI推出严格的、以考试为依据的专家资质认证制度PMP（Project Management Professional，项目管理专家）。

1987年，PMI在ESA研究报告基础上公布了（PMBOK）的第1版草稿。

1992年，英国的项目管理协会出版了欧洲版的项目管理知识体系，也就是《APM知识体系》。

1996年，PMI正式发布PMBOK第1版，此后每隔4~5年更新一版，这标志着项目管理从此具备了成熟的知识体系。

1996年，澳大利亚项目管理协会出版了世界上第一本项目管理能力标准，即《项目管理能力国家标准》。

1996年12月，美国国防部主管采办与技术的副部长批准了新的32项挣值标准（EVMS），并将该标准列入1997年新版的DOD（美国国防部）Instruction 5000.2R中。

1997年，ISO（International Organization for Standardization，国际标准化组织）以PMBOK为框架颁布了ISO 10006项目管理质量标准。

1998年，IPMA推出了ICB（IPMA Competence Baseline，国际项目管理专业资质标准）。

1999年，IPMA发布了《IPMA能力基线》。

1999年，PMP成为全球第一个获得ISO 9001认证的认证考试。PMP如今已经被全球130多个国家引进和认可。

★ 21世纪初

21世纪初，澳大利亚皇家墨尔本理工大学（RMIT University）在全世界率先开办了项目管理的专业博士学位（Doctor of Project Management）课程；PMI出台了项目集管理标准、项目组合管理标准、组织级项目管理成熟度模型，以及针对单项目的工作分解结构实践标准、挣值管理实践标准、配置管理实践标准等，PMI建立起了以PMBOK指南为核心的项目管理标准族。

2018年3月，PMBOK第6版正式启用。

中国项目管理发展史

20世纪60年代，在数学家华罗庚的倡导下，中国引进了项目管理技术中的网络计划技术，这种技术方法被命名为"统筹法"。

20世纪80年代，随着现代化管理方法在我国的推广应用，进一步促进了统筹法在项目管理过程中的应用，但其主要应用在国防和建筑行业。

1982年，利用世界银行贷款建设的鲁布革水电站是我国第一个运用现代项目管理方法的大型项目。

1987年，国家计委、建设部等有关部门联合发出通知，在一批试点企业和建设单位要求采用项目管理施工法，并开始建立中国的项目经理认证制度。

1991年，建设部进一步提出把试点工作转变为全行业推进的综合改革，全面推广项目管理和项目经理负责制。比如这一时期的二滩水电站、三峡工程都采用的是现代的项目管理方法。

20世纪90年代初，在西北工业大学等高校的倡导下成立了我国第一个跨学科的项目管理专业学术组织——中国优选法统筹法与经济数学研究会项目管理研究委员会（Project Management Research Committee，China，PMRC），PMRC的成立是中国项目管理学科体系开始走向成熟的标志。在此之后，许多行业也纷纷成立了相应的项目管理组织，如中国建筑业协会工程项目管理委员会、中国国际工程咨询协会项目管理工作委员会、中国工程咨询协会项目管理指导工作委员会，等等，都是中国项目管理学科得到发展与应用的体现。

2000年，国家外国专家局引进PMBOK，成为PMI在华唯一一家负责PMP资格认证考试的组织机构和教育培训机构。PMRC于2001年在其成立10周年之际也正式推出了《中国项目管理知识体系》（C-PMBOK）。

2002年，劳动保障部正式推出了"中国项目管理师（CPMP）"资格认证，标志着我国政府对项目管理重要性的认同，项目管理职业化方向发展成为必然。

2016年之后，项目管理成为职场人士的必备技能。

以上参考自：https://www.cnblogs.com/RobinR/articles/PMHistory.html。

生活中的项目

大到科学研究、火箭升空、航母建设，小到楼宇保洁、房屋装修、汽车修理，项目存在于各行各业，存在于生活中的方方面面和每一个角落。甚至生活中我们吃一顿饭，去一次超市，如果你愿意，都可以把它理解为一个项目。我们可以从项目管理的角度，重新审视这些日常行为。如表1-1所示。

表1-1 生活中的项目

项目名称	吃早餐
项目目标	全家人按时吃饱、吃好
目标分解量化	早8点前（时间约束）用冰箱里的食物（成本约束）做好早餐，全家人（范围约束）吃饱、吃好（质量约束），准备上班（项目依赖关系）
项目发起人	爸爸
项目经理	妈妈
主要干系人	爸爸、妈妈、孩子
风险识别	（1）停水停电 （2）睡过头 （3）吃不完导致上班迟到
风险应对	（1）提前准备方便食品作为备份 （2）检查闹钟 （3）准备方便袋以备风险发生时携带早餐出门
验收标准	时间：早8点前结束 范围：全家人 质量：干净、卫生、吃饱、吃好 成本：民用水≤0.1立方，民用电≤0.1度，食物消耗≤冰箱容量的1/4

可见生活中任意一件很小的事，如果你愿意，或者有必要，都可以从项目管理的角度来规划它、管理它。事实上，不管我们愿不愿意，生活中的每件事其实都是项目，只是有一些项目小到不值得我们去分解它、分析它、管理它。当我们认真地用项目管理思维来看待事物，你会发现，生活中很多事情都是有目的且临时的，所以，万物皆项目。

项目管理知识体系

明确项目的定义和边界后，该如何管好项目？许多专业组织和机构已经总结了一套先进实用的管理方法，图1-2展示了PMBOK定义的项目管理五个阶段、十大知识领域和49个过程组，供大家回顾。

知识领域	项目管理五大阶段和49个过程组				
	启动阶段	规划阶段	执行阶段	监控阶段	收尾阶段
4. 项目整合管理	4.1制定项目章程	4.2制定项目管理计划	4.3指导与管理项目工作 4.4管理项目知识	4.5监控项目工作 4.6实施整体变更控制	4.7结束项目或阶段
5. 项目范围管理		5.1规划范围管理 5.2收集需求 5.3定义范围 5.4创建工作分解结构		5.5确认范围 5.6控制范围	
6. 项目进度管理		6.1规划进度管理 6.2定义活动 6.3排列活动顺序 6.4估算活动持续时间 6.5制定计度计划		6.6控制进度	
7. 项目成本管理		7.1规划成本管理 7.2估算成本 7.3制定预算		7.4控制成本	
8. 项目质量管理		8.1规划质量管理	8.2实施质量保证	8.3控制质量	
9. 项目资源管理		9.1规划资源管理 9.2估算活动资源	9.3获取资源 9.4建设团队 9.5管理团队	9.6控制资源	
10. 项目沟通管理		10.1规划沟通管理	10.2管理沟通	10.3控制沟通	
11. 项目风险管理		11.1规划风险管理 11.2识别风险 11.3实施定性风险分析 11.4实施定量风险分析 11.5规划风险应对	11.6实施风险应对	11.7监控风险	
12. 项目采购管理		12.1规划采购管理	12.2实施采购	12.3控制采购	
13. 项目干系人管理	13.1识别干系人	13.2规划干系人管理	13.3管理干系人	13.4控制干系人参与	

图1-2 PMBOK知识体系

1.1.2 什么是软件项目

行业特征

传统的项目管理知识最初服务于军工、制造和建筑业，而非IT行业。随着科技的发展，IT项目管理成为了具有时代和专业背景的一门新学科，这一变化与科技发展的进步息息相关。当任何一个行业实现了快速发展，势必要利用项目管理手段进行企业的经营管理，以前是制造业、建筑业，现在是IT业。

从管理的本质来说，行业背景改变不了项目管理的核心内容，项目管理的方法和实践是跨行业的，是一套通用的理论，并且经过了近一百年各行各业的验证，是成熟可靠的理论。那么问题来了，建筑工地的施工项目经理可以完成一个软件项目的交付吗？答案显然是不可以。原因在于，在利用通用的项目管理方法管理一个项目时，虽然从理论上来说项目管理方法是通用的，但实际上行业特点和专业要求充斥在项目管理过程的方方面面。

首先，作为项目经理需要明确项目的范围边界，需要知道项目要做什么、不做什么，这些细节完全是具体的，并不是抽象的工作包1和工作包2，所以理解SOW（Statement Of Work，工作范围说明）的前提是理解项目范围内具体的工作内容是什么，怎么做。在这个环节，作为项目经理必须具备行业知识，甚至是有行业专家的背景。

其次，在面对团队内外的各方干系人时，这些干系人包括了行业专家和能完成这个项目的一线劳动力资源，作为项目经理要频繁地与这些人打交道。如果脱离了行业背景，只通过项目管理方法论来与干系人交流，项目经理将寸步难行。

另外，在项目验收前，项目经理要清楚验收依据的技术指标和背后代表的意义，否则项目将难以做好质量保证和质量控制工作，交付的质量也很难达标。

综上，在理论上通用的项目管理方法可以服务于各行各业，但是如果你想管理好一个具体的软件项目或建筑施工项目，就不得不深入到它的行业知识中去。事实上多数情况下这个挑选关系是相反的，企业在选拔软件项目的项目经理时，并不会先选定某个通用的项目经理然后再让他去了解软件行业的知识，而是从软件从业人员中选拔，由软件背景的资深人员来担任，比如软件测试工程师、软件开发工程师，或者软件产品经理等。而建筑施工项目则更加严格，项目经理的人选需要具备国家评定的一、二级建造师资格证才可以上岗。

可见在项目管理学科蓬勃发展的今天，垂直领域的不同行业的项目经理，对于特定的行业背景有着极高的要求，所以软件项目和制造业项目在管理时，虽然底层理论相通，但上层行业知识各不相同，甚至项目经理对行业知识的掌握程度会直接影响到项目的成败。那么这里涉及一个热度很高的问题：IT项目经理都要有软件开发背景吗？答案在后面章节。这里笔者先给出一个简要回答，IT项目经理一定是一个IT从业者，但IT从业者不仅限于软件从业者，同样的软件从业者也不仅限于软件开发工程师。因为软件代表不了IT，同样的软件开发也代表不了软件行业，更代表不了IT行业。所以软件开发背景对于一个IT行业的项目经理来说是一个重要的优势，但不是必需项。

IT行业、软件行业和软件开发之间的包含关系，如图1-3所示。

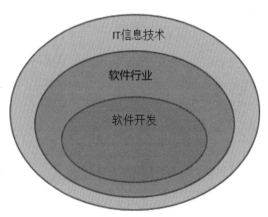

图1-3 软件开发、软件行业和IT信息技术的关系

可见对于全面的IT信息技术来说，软件开发领域仅仅是其中的一个组成部分。软件开发能力的缺失，并不代表IT信息技术的缺失；但是，缺失IT信息技术，则必然做不好软件开发的工作。对于IT项目经理来说，软件开发并不是必需技能，全面而扎实地掌握IT信息技术知识才是能否胜任的关键。

软件工程和软件项目管理

软件工程是一门属于工程管理但又与项目管理有一定重叠的计算机专业学科。软件工程关注的是在软件开发过程中的管理和软件建设方法，而项目管理在此基础上涵盖了软件工程以外的包括客户、需求、供应商、项目风险等更多方面的更大的管理范围。一个完整的软件项目不仅仅需要管理软件开发过程，在开发以外项目前期的需求范围、资源计划、风险识别，中期的变更控制、风险控制，后期的验收、归档、知识库的沉淀等都是项目管理重点关注的方面，也是软件项目管理与软件工程的不同之处。软件项目管理关注的是项目交付的完整成功，包括客户的满意度、交付的质量、软件功能需求和非功能需求的完成，而不仅仅是软件工程的成功。

IT项目作为项目的一种，是随着IT信息技术发展而衍生出的一个新兴行业里的新的项目类型。IT项目的范围很大，在IT项目中又可分为硬件项目、软件项目、网络实施项目等，如图1-4所示，我们有必要了解这些基础的概念从属关系。

图1-4 软件项目与其他项目的关系

注：本书所介绍的IT项目经理泛指IT行业中的软件项目经理

软件项目的管理特点

软件行业与传统行业最大的区别是人力资源充当了主要原材料。当人已经不再仅作为加工者加工原材料，而是同时作为原材料和加工者，那么可想而知，在软件项目里充满了各种角色的人。我们所说的软件项目的成本管理，主要也是人力资源的成本管理。所以考虑到软件项目的实际情况，PMP将教材中早期的九大知识领域更新成了今天的十大知识领域，把项目干系人管理单独列出作为第十个知识领域，足见软件项目管理的实际发展对PMP的影响和人在软件项目管理中的重要性。

那么软件项目管理就是管理人吗？某种意义上说，是的，但不绝对。在管理人的过程中，作为项目经理需要管理好事，才可以服众进而管理人。所以软件项目管理，管理人和管理事同样重要。

参考PMBOK的项目管理五个阶段、十大知识领域和49个过程组的定义，我们可以把普通项目管理和软件项目管理的动作对应到五大阶段中，如表1-2所示。

表1-2 普通项目管理和软件项目管理行为

过 程 组	普通项目管理行为	软件项目管理行为
启动过程组	确定项目的权责、章程；识别项目干系人	
规划过程组	确定项目范围SOW；制定项目管理计划	软件功能清单及非功能性需求确定，产出PRD（Project/Product Requirement Document，项目或产品需求文档）和原型，分解WBS
执行过程组	管理团队；计划执行；实施采购和沟通计划	团队建设，根据需求文档启动开发和必要的采购
监控过程组	计划纠偏，变更控制；控制范围、进度、质量、成本、风险；管理沟通和干系人；包括需求等各方面的变更控制；向各方干系人汇报项目进展	
收尾过程组	项目资源释放，合同收尾，回款，组织过程资产更新	软件试运行、上线、验收，用户培训，源代码存档，复盘

可见软件项目管理与普通项目管理是一种继承和被继承的关系。在普通的项目管理方法论之上，将软件项目的专业动作分别套入各个阶段和过程中，是做好软件项目管理的基础。如果由一个软件从业经验丰富的人担任项目经理，结合他的软件从业背景和掌握的项目管理知识，依靠成熟先进的通用项目管理方法，将会极大地提高软件项目管理的质量和交付成功率。但关于项目经理的人选，我们需要理解：能做好IT项目管理的人并非一定要有软件开发背景，但是，缺乏IT基础知识的人一定不适合做IT行业的项目经理。

1.2 IT项目经理应具备的素质

1.2.1 全才还是专才

PMP明确表示，项目经理的最佳人选需要是一个全才，仅仅技术出身的专业人员是不能满足项目经理的岗位要求的。可见"全"这个特点，对于项目经理来说有多重要。

并不是说专业人员不适合做项目经理，相反好的项目经理往往都有很深厚的专业背景。那么"全"和"专"，要怎样理解呢？

首先"全"要真的全，其次"专"要不限于专。

如果一个人在情商、智商、沟通、理解力、管理技能、业务领域等各方面看起来都很完美，但是唯独不懂IT，相信会有一些人认为他仍然是全面的，但从IT项目经理的标准看，这并不够全面。多数IT从业者对于全面型人才的定义有两个误区：

（1）不管一个人掌握多少本领，他只要会写代码，那就一定是专业人才而不是全才。

（2）一个人只要他不会写代码，其他方面就一定比会写代码的人好一些，应该会更全面。

这是如今IT职场里普遍的潜意识或共识，这是一种刻板印象。当然能造成这种刻板印象的，肯定是无数个验证正确的先例和数据。

我们先不考虑大众对开发人员的刻板印象问题，先来关注"全才"的定义。在IT行业中，"全"还是"专"，判断标准的关键点主要集中在是否有编程能力这一点上。笔者认为，"全"要真的全，不能假全，哪怕只有一项能力的缺失，也并不能算作全才，尤其是IT行业，IT基础知识的欠缺对项目经理来说是极不利的。大家都知道高情商的程序员并不多见，这正说明了全才的稀缺性，往往最佳的IT项目经理人选就是指这样的人，而这样的人才一直就是稀缺的。

所以我们要搞清楚，不论IT技能还是沟通表达、情商、同理心等能力，一样不少地都具备才是真正的全面，这样的全面才难能可贵。除了IT什么都会的人，也许也是难得的人才，但对于IT项目经理的标准来说，还不够全面。IT项目经理的全面指的是包括IT技能在内的所有方面的全面，缺了任何一方面都不能称为全面，所以"全才"才会稀缺。

那么专业人员可以做项目经理吗？其实专业人员是项目经理人选的一个很好的出发点，但专业人员不能仅满足于"专"。想成为一名合格的IT项目经理，要在专业的基础上拓展其他方面的能力，基于"专"而达到"全"。在职场中，对于除了IT技能以外其他各方面能力都很强的人来说，也许其很优秀，但对于IT项目经理这个岗位，严格来说不能算全才。对于软件开发出身的专业人士来说，在专业光环背后，是否具备其他方面提升的潜力或具备其他方面的软技能，共同决定了其能否成为一名合格的IT项目经理，仅仅有一个技术专长也是不够的。

1.2.2 技术人员的沟通问题

"专"和"全"说开了，大家就能明白IT项目经理的优势人选的一个大概的轮廓，还有真正的全才的定义及其稀缺性。也许有人会疑惑，为什么IT行业中具有先天优势的开发人员多数难以成为优秀的项目经理呢？开发工程师这类专业人才，在专业技能的基础上补充好技术以外的软技能，远比没有开发背景但其他方面很全面的人通过后天努力弥补技术背景要容易得多，毕竟IT技术背景不是短期内可以弥补的。究其原因，大众对国内开发人员的刻板印象其实不无道理，国内很多开发人员在编程以外的其他方面普遍有很明显的短板，且短时间内也难以改善。

从大环境来说，国内的多数软件开发从业者，从事的是应用或业务层面的软件开发，在全球整个软件开发产业链中是相对下游的位置。举例来说，微软公司推出的Visual Studio开发工具，在国内曾风靡一时，在过去的二十年里被国内工程师使用开发出了各种各样的应用软件服务于各行各业；IBM公司推出的Eclipse开发工具，同样在国内近乎形成了垄断，国内的工程师用它开发了无数个应用软件和各种各样的网站。但国内始终难以诞生像微软和IBM这样量级的上游软件企业，也难以开发出像Visual Studio和Eclipse这样重量级的开发工具，以及它们背后的技术体系和编程框架，这是产业的差距，我们在使用机器造车的时候，国外的技术人员已经在制造"造车的机器"。类似的例子还有IDEA、Nginx、Tomcat等全球著名的中间件软件，均很难见到中国作者和公司。国内的软件开发人员更多时候是使用它们，而很少能创造它们。在IT行业里，一些产业链上游的掌握底层技术的软件工程师不建高楼大厦，他们只做一砖一瓦，可这些砖瓦是建高楼大厦的应用层的工程师们造不好的。我们的产业现状决定了从事软件开发的人员更需要的是能快速应变的业务层的开发技能，而非更全面的计算机基础科学。所以国内的开发工程师需要用有限的精力在工作中学习业务，在不停适应业务变化的同时也要跟随底层技术的更新，甚至会没有精力抬头微笑，这与软件产业链上游的国外工程师是完全不一样的处境。

在小环境方面，国内的开发工程师人群又有能力高低不等之分。笔者所认识的一些名校毕业理论扎实的工程师朋友，多数健谈且情商超高，更有相当大一部分人具备很强的双语和演讲能力，很难想象他们坐在电脑前目光呆滞敲代码的画面，但事实是他们的代码敲得更好，编程的智商和做人的情商都很高，沟通更好，笑容更多，但这一类人在国内工程师人群中是极少的存在。所以国内的开发工程师并不是都存在沟通问题，只是能力全面的高端的工程师数量稀少而已。

综上两个层面的原因，导致了国内软件工程师普遍给人一种不善沟通、固执呆板的印象，而这种刻板印象也间接限制了一部分技术人员向管理岗位转型的努力。所以从国内IT行业的现实环境来说，项目经理的最佳人选仍然是广大的软件技术工作者，但庞大的技术人群中能够成功转型成为项目经理的却是少之又少。这很合理，充分证明了全才的宝贵和稀缺性。

1.2.3 项目经理应具备的能力

沟通

沟通能力好并不是话痨的意思。PMP对项目沟通管理的要求是明确沟通的目标、方法、约束和管理沟通渠道，即时刻清楚需要跟谁沟通，为了什么目的，何时以及怎样沟通。

作为项目经理非常重要的软技能，沟通工作主要服务于以下三方面：

（1）收集信息

识别风险

明确需求

（2）分享信息

表达困难申请支持

汇报进展

（3）团队建设

在项目初期与各方干系人的沟通可以帮助项目经理尽早明确项目的边界，

以及识别潜在的项目风险；在项目执行阶段定期地收集项目信息向各方汇报，及时地向领导层抛出需要协同处理的问题；项目全过程中与团队成员日常互动，保障项目状态的更新和信息流的畅通。

条理

逻辑性和条理性是分析问题的基础能力。

在需求梳理和项目计划有关的编制工作中，以及项目过程中应对变更、明确责任、控制交付质量、对成员进行绩效考核等动作都需要理性且有条理的分析。实事求是，脉络清晰，是理性客观地管理项目的重要能力。利益链、责任链、因果关系、依赖关系，这些能影响项目的复杂因素都需要条理清晰的逻辑思维能力来掌控。

亲和力

在面对团队成员或外部干系人时，项目经理的亲和力决定了沟通的顺畅程度和沟通的深度。一些亲和力好的项目经理，在山重水复疑无路时，往往通过充满善意的沟通和接触，会有柳暗花明又一村的奇效。尤其在面对沟通和表达能力不是很好的技术人员时，项目经理的情商、亲和力可以帮助团队所有成员进行有效沟通，这是一种后天难以锻炼的人际关系能力。

敏感

作为项目经理，要对所有经过自己的信息流保持绝对的敏感，有利于项目的、不利于项目的、间接有利的、间接不利的、各方干系人不同的态度以及项目各方面状态的变化，都应第一时间想到它的后果和应对办法。钝感的项目经理在工作中容易被动，被事情推着走，而凡事敏感可以让项目经理主动地应对风险。但敏感的同时要切忌玻璃心。

同理心

对软件项目来说，需求的质量决定了项目工作的方向。调研需求是项目经理在项目早期的主要工作，在与客户梳理确认需求的过程中，需要项目经理频繁地换位思考，站到客户的角度来全面地解析需求，挖掘客户潜在的其他需求。当与客户发生异议和冲突时，项目经理的换位思考能力和同理心，可以帮助大家重新站到起点，保障整体利益而不被分歧所影响。同理心也是情商的一种体现，在调研需求和应对冲突时，以及在项目验收等关键环节，都可以让项目经理快速地换位思考识别到核心问题。

同时在面对内部资源时，从专业技术的角度或劳动力资源的角度看待一些项目问题，往往比管理者的角度看到的更多更全面。当内部各方利益冲突时，也需要项目经理能灵活快速地切换到不同的角色来分析所面临的问题。

所以项目经理需要换位思考的能力和同理心来使自己快速地在不同的干系人中间进行角色切换，从而降低沟通成本，紧密团结各方资源来快速解决问题。

管理知识

管理并不仅仅靠命令和服从，并不是有权力就可以管好项目。离开了方法和技巧，仅靠人格魅力或行政权力的管理是极难成功的。

项目经理在具备了上述人这方面的一些软素质以外，也需要学习管理知识、方法论和手段。用理论和方法来处理个人可能未曾面对的问题，会大大降低项目管理的风险且提高管理效率。

有大量的管理学文章可以提供不同场景下的管理技巧，本书讨论的范畴是项目管理中的IT行业中的软件项目管理，PMP是这一领域的基础，要做好一名IT项目经理，PMP认证是基础中的基础。

IT知识

在我们讨论IT项目经理的合适人选的时候提到，虽然软件开发背景并不是项目经理的必需要素，但开发背景不等同于IT知识背景。作为IT项目经理，的确不需要开发背景，但开发以外的更全面的IT基础知识是必要的。

比如，当你需要协调多个软件系统间的接口规范，你需要了解WebService和RESTful的异同；当你在领导一个音视频通信的软件项目时，应该清楚RTMP（Real Time Messaging Protocol，实时消息传输协议）和Protocol Buffers（用于对结构化数据进行序列化的协议）等协议分别有哪些优劣。这些知识点都不需要编程能力，但是却都需要项目经理去了解，这些都是IT知识的一部分，项目经理需要在这些方面达到或超越你的开发团队的认知水平，才能建立起与他们的信任关系。

所以IT项目经理是否会开发不重要，但掌握IT基础知识很重要。

对于职场中没有开发背景的项目经理来说，如果开发团队不认可你的领导力，请反思一下，你欠缺的是否仅仅是编程能力？大概率并不是，也许是因为在编程以外更宽泛的IT基础知识领域，或者在对所开发的软件的理解上，你们难以达到同一水平的认识。

行业知识

软件行业从诞生之初，除了软件基础设施建设，比如操作系统和服务器软件，之外的应用软件大多是服务于传统行业。在服务的过程中，软件开发工程师在软件开发技能以外，或多或少地都要接触一些行业知识。比如安保监控系统、银行柜台交易系统、医疗HIS系统等，都需要开发工程师分别深入安全、金融和医疗领域去了解各自行业的特点和政策。这有点像前几年总理提出的"互联网+"的概念。其实在互联网行业进入快车道之前，软件行业一直在以"软件+"的形式服务于传统行业。如今银行、汽车、电力、水利、通信、医疗等行业都已经进行了很多年的信息化建设，近些年称之为数字化转型，在此过程中有无数的软件项目需要立项、交付，有大量的IT项目经理用人缺口。试想一下，在这样一个大背景下，当项目经理带领软件开发团队服务于一家银行时，除了软件开发能力以外，如果对银行的政策制度和业务流程知之甚少，即便软件开发能力再强，项目恐怕也寸步难行。所以行业知识对于如今的IT项目经理来说，不再是加分项，而是必需项。

1.3 项目经理资格认证

在建筑工程行业，有一级、二级建造师认证，由国家人事部和建设部共同颁发。该认证设置六个专业类别：建筑工程、公路工程、水利水电工程、市政公用工程、矿业工程和机电工程（该认证超出本书范畴，请读者自行查阅）。

在软件行业，美国的PMP、欧盟的IPMP、中国的CPMP（已取消）和软考是几个主流的项目管理认证体系。而在此基础上，近年来比较流行的敏捷交付模式越来越多地得到了国内开发团队的青睐。虽然敏捷颠覆了一些传统软件项目管理的概念，但其实它是项目管理基础知识的一个发展和演变，掌握敏捷的前提是深刻理解瀑布模型的项目管理方法，清楚瀑布模型的弊端才可以更好地应用敏捷。敏捷与传统软件项目管理方法论是继承发展而非并列互斥的关系。

为了避免政策更新导致本书信息滞后，本章介绍的所有资格认证的报考条件和每年的考试安排将不作介绍，请大家自行查询获取最新信息。

1.3.1 项目经理认证

PMP

这是美国项目管理协会（PMI）组织定义的一个项目管理资格认证体系，以PMBOK教材为纲领，由项目管理五个阶段、十大知识领域和49个过程组组成。

虽然PMP的课程并不局限于软件行业，但从实际的市场反馈看，它更受初次接受项目管理教育的IT从业人员喜欢，目前是IT项目经理岗位入门必备的一项认证。

通过考试将会收到PMP证书，该证书有3年的有效期。在这3年中PMI组织鼓励获得认证的学员们持续学习并参与到该组织的各项线下活动，以此积攒PDU（Professional Development Units）积分。在获得了足够的PDU后，在3年届满时可以免费延长证书的有效期。持续学习和认证门槛较低是它的主要特征。

IPMP & ICB

IPMP（International Project Management Professional）是国际项目管理协会（IPMA）在全球推行的四级项目管理专业资质认证体系的总称。**IPMP**是对项目管理人员知识、经验和能力水平的综合评估。**IPMP**依据国际项目管理专业资质标准，将项目管理专业人员资质认证划分为四个等级，即A级（Level A）、B级（Level B）、C级（Level C）、D级（Level D）。根据 IPMP认证等级划分，获得IPMP各级项目管理认证的人员，将分别具有负责大型国际项目、大型复杂项目、一般复杂项目和具有从事项目管理专业工作的能力。

A级证书是认证的高级项目经理。获得这一级认证的项目管理专业人员有能力指导一个公司（或一个分支机构）的包括有诸多项目的复杂规划，有能力管理该组织的所有项目，或者管理一项国际合作的复杂项目。这类等级称为CPD（Certificated Projects Director，认证的高级项目经理）。

B级证书是认证的项目经理。获得这一级认证的项目管理专业人员可以管理大型复杂项目。这类等级称为CPM（Certificated Project Manager，认证的项目经理）。

C级证书是认证的项目管理专家。获得这一级认证的项目管理专业人员能够管理一般复杂项目，也可以在所有项目中辅助项目经理进行管理。这类等级称为PMP（Certificated Project Management Professional，认证的项目管理专家）。

D级证书是认证的项目管理专业人员。获得这一级认证的项目管理人员具有项目管理从业的基本知识，并可以将它们应用于某些领域。这类等级称为PMA（Certificated Project Management Associate，认证的项目管理专业人员）。

其中C级认证与PMP认证的质量和等级相当。A级和B级认证的含金量则远远高于PMP，可以说IPMP认证代表了当今项目管理最高水平的认证。

ICB（International Competence Baseline，国际项目管理资质标准）是国际项目管理协会（IPMA）建立的知识体系。IPMA在1987年7月14日的Ljubljana会议上，确认了IPMA项目管理人员专业资质认证全球通用体系（ICB）的概念。ICB说明了对项目经理、大型项目计划经理、项目群经理及项目管理人员的知识与经验的要求，包括在一个成功的项目管理理论与实践中能运用到的基础术语、任务、实践、技能、功能、管理过程、方法、技术与工具等，以及在具体环境中应用专业知识与经验进行恰当的、创造性的、先进的实践活动。IPMA于2006年发布了ICB的新版本ICB3.0，作为一个全球范围内所有成员国认证机构的通用基础，该版本允许各成员国在一定的空间内通过结合本国特色，制定本国认证国际项目管理专业能力素质的国家标准（NCB）。ICB要求国际项目管理人员必须具备的专业资质包括7大类、60细项。

PRINCE2

PRINCE是PRoject IN Controlled Environment（受控环境下的项目管理）的简称。

说起项目管理，PMP可能更为人熟知。PMP是美国国家标准，其关注项目管理知识的描述层面，是项目管理的通用语言，一般来说在以美国国家为友邦的地区比较流行。

PRINCE2则是英国等欧洲地区适用的标准，其指导客户通过组织间的合作，运用诸多受控的项目管理方法实现客户业务价值，是一套落地的项目管理方法论。

PMP与PRINCE2是不同流派的理论，有关它们之间的具体区别和联系，大家可以自行搜索相关资料进行了解，本文不做赘述。

只有项目经理等相关职业的人才需要学习PRINCE2？其实不然。PRINCE2讲的是方法论，对商业环境下如何做事进行了指导。而我们所处的职场环境多数情况下都属于商业环境，因此可以学习这套方法论，学习从项目的角度来看待事物，分析问题。

信息系统项目管理师

计算机技术与软件专业技术资格（水平）考试（以下简称计算机软件资格考试）是原中国计算机软件专业技术资格和水平考试（简称软件考试）的完善与发展。计算机软件资格考试是由国家人力资源和社会保障部、工业和信息化部领导下的国家级考试，每年考试2次，由管综、案例、论文3部分组成，设置了3个级别层次（初级、中级、高级）。相比国外的认证考试弱化行业特点偏重项目管理本质来说，它更全面考察应试者的计算机和网络安全知识，知识面要求非常宽，整体难度较大，相应地也更权威（国内）。该证书为终身制，不存在有效期，且以考代评，等同于高级职称资格考试。当获得了高级信息系统项目管理师证书后，就等同于获得了国家副高级工程师职称。

1.3.2 敏捷体系认证

Scrum Master & PSM

Scrum认证是一个针对个人职业发展的认证体系。Scrum认证体系由Scrum官方机构——国际Scrum联盟（ScrumAlliance.org）制定和维护，Scrum认证证书由Scrum联盟统一颁发。Scrum中文网是Scrum联盟在中国的授权教育机构，是中国领先的Scrum认证及敏捷培训服务机构。

Scrum认证体系分为基础级认证、进阶级认证、专家级认证和导师级认证。

基础级认证主要面向Scrum的三个角色：Scrum Master、Scrum Product Owner和开发团队。基础级认证包括Scrum Master认证（CSM）、Product Owner认证（CSPO）和Scrum开发者认证（CSD）。

- CSM认证课程相对于其他两个基础级认证更为全面，侧重Scrum Master这个角色，学员必须参加两天的Scrum Master认证培训课程，然后参加CSM考试，考试通过后获得认证资质。
- CSPO侧重于产品负责人角色，目前不需要考试，参加两天的CSPO课程后获得认证资质。
- CSD侧重于为开发者提供制造可工作软件的工程技术技能，目前不需要考试，参加CSD培训课程后获得认证资质。

进阶级认证是针对Scrum的三个角色的基础级认证提供的进阶认证课程，包括进阶Scrum Master认证（A-CSM）、进阶Product Owner认证（A-CSPO）和进阶Scrum开发者认证（A-CSD）。参加进阶级认证的前提是通过了基础级认证。

认证Scrum专家（CSP）属于专业级认证，CSP须具有丰富的Scrum经验和专业技能。要获取CSP认证必须先通过A-CSM、A-CSPO、A-CSD中的一种，并且还需要积满70个SEU学分（可以通过参加社区活动、培训课程、自我学习获得SEU学分）。

导师级认证包括认证Scrum培训师（CST）、认证Scrum企业教练（CEC）和认证Scrum团队教练（CTC）。目前在国内工作的以中文提供服务的导师级Scrum认证者仅7人，其中4位导师就职于Scrum中文网。CST、CEC和CTC须具备经验和能力为其他的团队做Scrum培训或指导其他团队使用Scrum。要获取CST、CEC、CTC认证必须先获取CSP认证，这需要经过很多的积累和成长。准备及申请详情请参考Scrum联盟网站。

除上述Scrum认证外，还有一个针对管理者的敏捷领导力（Certified Agile

Leadership，CAL）认证，分为两个级别，是一条独立的发展路径。CAL认证需要由CAL讲师来提供。

Scrum认证的正式证书为电子版（PDF格式），学员通过认证考试后可以在Scrum联盟官方网站下载，证书上包括证书编号（可查询）、授课认证Scrum培训师的签名以及Scrum联盟主席签名。

PSM（Professional Scrum Master）由scrum.org机构颁发的认证，该机构由Ken Schwaber（Scrum之父）于2009年成立的，主要在美国和英国开展。PSM认证设有三个等级：PSM I、PSM II及PSM III。

PSM I认证代表着Scrum的基本水平。证书持有者需了解各种Scrum术语，以及如何在Scrum团队中应用Scrum。

PSM II认证获得行业的普遍认可，代表着Scrum以及Scrum Master的先进的知识能力。

PSM III认证代表持有者对Scrum应用、惯例及价值观有着独到的见解，并能够指导各种复杂团队、组织应用Scrum。

EXIN Agile Scrum Master

EXIN的敏捷认证是由EXIN（Examination Institute For Information Science，国际信息科学考试学会）颁发的。该认证开始于2016年，包括基础级考试EXIN Agile Scrum Foundation以及高级考试EXIN Agile Scrum Master，是全球认可的能力通行证。

Agile Scrum Foundation（ASF）考试是针对希望保持自身知识更新，及时了解IT和项目管理领域最新进展的所有专业人士。认证考试主要检测敏捷理念和Scrum方法中的各种知识，难度适中，适宜敏捷初学者报考。

Agile Scrum Master（ASM）考试同样覆盖了敏捷的思想以及特定的Scrum实践。相关主题如Agile Scrum仪式和会议/过程文档（Artifacts）、变更管理、用户故事、评估与规划、看板、措施和燃尽图等。培训中包含实践作业和相关练习的要求。认证考试更加偏重检测敏捷从业者如何在实践环境中解决问题，主要适用于已经有丰厚敏捷项目经验的人员进行认证。

PMI-ACP

PMI-ACP（PMI-Agile Certified Practitioner，敏捷管理专业人士）考试是由美国项目管理协会于2011年推出的一项敏捷项目管理的考试。PMI于2015年6月27日在中国大陆首次进行认证考试。该认证适用于任何行业，且不对从业者限定某一种敏捷方法，这与其他敏捷认证截然不同。PMI-ACP证书持有者需要理解敏捷方法的原则、实践、工具和技能，同时需要理解敏捷的思维、创新思维，尤其是敏捷团队的管理策略。PMI-ACP将是继PMP认证之后的又一热门认证。

PMI-ACP认证验证了从业人士理解、应用敏捷原则及在项目上实践的能力。它与别的认证的不同之处在于它要求敏捷培训、敏捷项目工作经验以及包含敏捷实践、工具、技巧考试相结合。它同样也结合了其他敏捷方法，包括SCRUM（敏捷开发）、XP（极限编程）和Lean Development（精益敏捷）。

1.4 项目管理矩阵架构

在PMP的介绍中，根据企业环境对项目经理的责权定位的大小不同，项目管理环境分为三种矩阵架构类型，分别是弱矩阵（职能型）、平衡（复合）矩阵和强矩阵（项目型）架构。在不同的公司中，根据业务方向的不同，每个公司根据自身情况各自采用不同的项目管理矩阵架构来开展实际的项目管理工作，以下将分别进行介绍。

1.4.1 项目管理架构雏形

最初，在有些项目管理意识薄弱的企业内，虽然大家是按照项目的想法去执行一些有目的且临时性的工作，但没有专门的项目经理来负责，只有项目之实，没有项目之名，采用的管理架构如图1-5所示。

这种算不上是管理矩阵架构，只是项目管理概念被大家接受之前多数企业的运营架构。没有项目经理的岗位设置，也没有清晰的项目的边界概念，当公司要完成一个短期的经营目标时，由不同职能部门的员工组成一个临时的虚拟的队伍来应对。

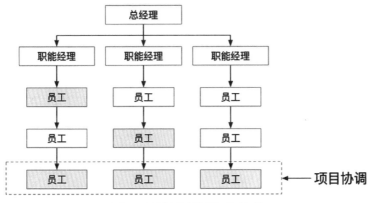

图1-5 早期项目管理架构雏形

1.4.2 弱矩阵（职能型）架构

随着越来越多的企业意识到项目管理的重要性，开始接受了项目管理的概念，但通常并不设置专职的项目经理岗位，而是由一些沟通能力好、综合能力强的普通员工在有项目需要执行和交付时，临时兼任项目经理来负责沟通和协调，如图1-6所示。

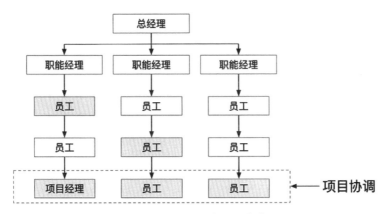

图1-6 弱矩阵（职能型）架构

这种称为弱矩阵或职能型架构，它代表了项目经理在公司组织架构中相对弱势的存在。此时的项目经理是一个兼职且临时性的岗位。

1.4.3 强矩阵（项目型）架构

当项目管理理论越来越成熟，越来越多的企业开始接受以项目为单位开展企业的经营管理，便有了强矩阵（项目型）架构，如图1-7所示。公司采用了项目经理责任制，设置了专人专岗的项目经理岗位，在组织架构的顶层以项目为单位，把所有销售订单和公司资源以项目形式进行管理，大大提高了管理的专业性和交付效率。

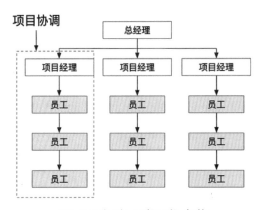

图1-7 强矩阵（项目型）架构

在强矩阵（项目型）架构下，项目经理的责权都达到了最大化。项目经理是项目成败的第一责任人，也是最大权利人，通常经过专业的项目管理培训认证并且具备深厚的行业知识和专业经验方可上岗。此架构使企业管理效率大幅提升，但也存在一些弊端，弱化了职能部门的专业进步和技术储备，比如原本独立存在的质检部门或设计部门，人员被打散分到了不同的项目组中，独立的职能部门不存在了，那么关于质检或设计方面的专业提升、统一培训，就不再方便开展。

21世纪初国内大部分To-B（To Business，面向商业客户）的软件企业采用的是这种项目管理架构。没有开发部、测试部等职能部门，而是在管理层之下建立多条项目线，由项目经理在组织架构的上层对公司内所有资源和人员进行管理。此时的项目经理是多面手，既懂业务，又懂技术，有时还是销售，对项目成本、支出、人员有完全的控制权，是项目团队的灵魂，是帮助公司盈利的全面能手。

1.4.4 平衡（复合）矩阵架构

由于强矩阵架构环境中的项目经理责权最大化导致了职能部门的专业传承问题和弱化了职能岗位的成长，同时随着互联网和SaaS（Software-as-a-Service，软件即服务）软件公司的出现，软件交付模式也由外包定制型转向了产品型，多数互联网企业在保留项目管理体系的同时，弱化了强矩阵架构中项目经理的定位，转而把产品作为公司的生命线，以产品为主、项目定制化交付为辅逐渐成为了主流趋势。这种情况下，所有项目经理作为普通岗位被统一在一个部门下管理，需要立项时从中指派项目经理并临时组建虚拟的项目团队，如图1-8所示。

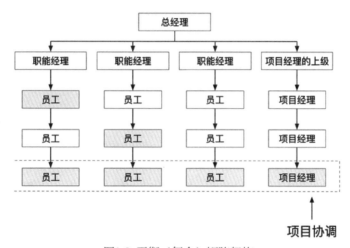

图1-8 平衡（复合）矩阵架构

这是如今互联网和SaaS软件公司项目交付的主流架构，既可通过项目形式进行管理交付、责权明确，又保证了各职能部门的专业沉淀和提升。不同的是作为项目经理，不再有很高的岗位要求，被赋予的权限也很有限，主要的工作是做好需求调研，衔接客户与开发团队，保障沟通顺畅，遇到问题及时协调汇报。对项目经理的要求、定位和话语权都降低了很多。

1.4.5 矩阵架构重要吗

以上可以看出，项目管理的几种矩阵架构并不是一开始就同时诞生的，是随着行业发展，在企业自身的进步和优化的过程中不断演变的，不同的企业规模和业务类型适用不同的项目管理矩阵，并无优劣之分。

大家可以这样理解，强矩阵就是项目经理在公司中拥有相对较强的话语权和定位，可以比较强势，公司一切资源的使用以项目优先。弱矩阵就是项目经理在公司中没有明确的岗位编制和责权，是普通员工以兼职的方式在公司需要时扮演项目经理的角色来协调资源推动完成项目。中间的平衡（复合）矩阵就是介于两者之间的一个状态，虽然有专人专岗的项目经理岗位，但这个岗位的责权都被弱化了很多，需要与职能经理合作才能获取需要的资源完成项目。

公司采用何种矩阵并不重要，不管哪种矩阵都是以某种形式为公司利益服务，但是对于项目经理来说，了解你所在的企业的项目管理矩阵架构和项目经理在组织架构中的定位，对于工作开展和职业生涯的规划都十分重要。

早期To-B软件公司的强矩阵全能型项目经理，如果加入互联网公司从事项目管理的工作，即加入一个平衡（复合）矩阵架构的企业，显然是大材小用；相反互联网公司的中等偏弱矩阵架构环境中的项目经理，短时间也是无法胜任强矩阵架构环境中项目经理的岗位要求的。

通过本章内容，希望能让读者对自身的情况和工作环境有一个概念上的了解。你是属于哪种类型的项目经理？你所服务的公司采用的是哪种管理矩阵架构？你更希望从事平衡（复合）矩阵架构环境还是强矩阵架构环境中的项目经理工作呢？

1.5 职能经理和项目经理

所谓职能经理，是指公司内部某个专业部门的管理者，比如开发部、财务部、销售部、人事部等职能部门的领导。职能经理负责某个职能部门的管理，而这个职能部门，通常由很多相同角色和专业技能的人员组成。比如财务部经理下面，管理的是出纳、会计、总账会计等财务人员团队；测试部经理下面，管理的是测试工程师团队；研发部经理下面，管理的是前、后端的开发工程师团队。可见职能部门的主要作用，是专向发展职业技能，对软件开发技能、财务专业技能、销售以及人事管理技能都有一个较好的专业氛围，促使大家在本专业上的钻研和精进。并且职能部门的考核也比较简单，谁在这个专业上的技术好、水平高，谁的工作绩效就好，这更进一步地加大了专业人员对专业技能的进步欲望。所以职能经理在除了强矩阵以外的管理架构中，对公司专精尖人才的培养和管理起着重要作用。

本书介绍的职能经理，主要是指开发、测试、设计、售前、产品等软件开发团队所涉及的职能岗位的领导，不包括财务、人事、法务等行政部门的经理。

职能经理和项目经理之间的协作和冲突，仅仅会发生在弱矩阵和平衡（复合）矩阵架构环境中。在强矩阵架构环境中职能部门是不存在或是被弱化的，项目经理有权限统筹一切资源，并不需要与职能经理合作，而且项目经理通常是多面手，工作中会涵盖职能经理的主要工作。

在非强矩阵架构环境中，项目经理与职能经理最大的不同是岗位的临时性。在弱矩阵和平衡（复合）矩阵架构中，与职能部门的固定存在不同，项目往往是为了达成特定的项目目标而临时建立的，随着项目目标的完成（或失败），项目也会结束、解散，项目经理会被收回权利和资源。所以项目相比于职能部门，是临时存在的，项目经理相比于职能经理，也是临时性的岗位。虽然在平衡（复合）矩阵架构中项目经理也是专人专岗，但只有在项目交付期间，项目经理才有机会行使权力。

在弱矩阵和平衡（复合）矩阵架构中，项目的进展或多或少地受制于职能部门的支持程度。这种情况下，项目经理如何与职能经理相处、谈判，比较考验项目经理在干系人管理、人力资源管理、沟通管理和团队建设等方面的综合能力。

在传统的To-B软件公司，通常所有员工都跟着项目走，比如公司有30人的开发工程师、15人的测试工程师，以及5名UI设计师，大家会被分别委派到进行中的N个项目中。此时所有员工的绩效考核和汇报关系，都是由所在项目的项目经理决定。这种情况下项目经理们对公司所有资源拥有最大的支配权限，在员工绩效考核方面也有较强的话语权和决定权，那么自然地，项目组成员会全力配合项目经理的工作，这种是典型的强矩阵架构。

在强矩阵架构下，因为不存在职能经理，所以项目经理往往本身要求具备一些专业技能，比如要有开发背景或软件架构设计背景。这种管理架构的公司的主要经营目标是项目交付，主要的收入来源也是项目交付，所以对专业人才的培养，一般由项目经理兼顾。可以理解为，公司以项目作为经营和管理单元，项目经理在进行主要的项目交付工作的同时，也兼任职能经理的角色。但这种兼任往往是模糊的，不明确的，当然对职能岗位的培养效果也不是最好的。

随着互联网和SaaS软件公司的兴起，传统To-B软件公司的强矩阵架构不再适用新时代的要求，原因有如下三点：

- 一是因为互联网和SaaS软件公司更注重专业的提升，追求极客精神，所以更重视职能部门的专业能力发展。

- 二是互联网公司由于普遍有投资方的存在，通常没有短期盈力的压力，所以由项目主导一切资源的架构已经没有必要。

- 三是强矩阵架构下的全能型高水平的项目经理其实是稀缺的，难以适应互联网公司并行项目数量多、项目经理岗位缺口大的现状，所以为了在数量上能满足较多并行的项目数量，企业只能放宽对项目经理岗位的能力要求，让更多的没有深厚专业技术背景但具备项目管理知识的偏业务人员加入到项目经理队伍中。那么这种架构中项目经理的专业技术方面的短板该如何填补呢？互联网和SaaS软件公司的做法是建立强大的职能部门，由职能经理和职能部门下的专业人员给予项目经理专业上的支持。

这就解释了为什么强矩阵架构在互联网和SaaS软件公司中被应用得并不多的原因。

通常我们所说的项目经理与职能经理的协作与冲突，都是在SaaS软件或互联网公司、弱矩阵或平衡（复合）矩阵这样的大背景下。在这种背景下，项目经理的专业技术能力要求被降低了，在某些方面更需要团队成员的专业支持，但团队成员的汇报关系却不在项目经理而是在所属部门的职能经理那里，这种微妙的关系导致了项目经理在绩效考核和团队建设方面会面临不少的困难，间接地与职能经理之间产生一定的矛盾。因为职能经理管理的职能部门是公司的专业队伍，是跨项目的，是需要被所有项目共享的宝贵资源（如开发工程师、测试工程师、UI设计师、产品经理等），职能经理需要依靠有限的资源支持同时进行的所有项目。并且在职场中，这种架构下的项目经理，在职级和对公司的重要程度方面往往要低于职能经理，通常与职能部门的普通员工相同，只是在项目这个虚线框架内，项目经理才有分配任务使用资源的权力。所以在实际的项目管理过程中，资源紧张，成员中途被抽调，对团队成员无法形成有效考核而导致员工不服管，项目无人可用，或有人却用不上的情况非常普遍。

身处这种架构环境中，对于项目经理来说，可谓是一个不小的挑战。要想顺利完成项目，首先需要项目经理最大化地发挥软实力，与职能经理和公司里所有角色搞好关系。项目经理要想很好地完成工作仅靠PMP认证是不够的，还需要努力提升自身的硬实力，比如弥补专业技术方面的不足，降低对职能经理的依赖，当然这只是理论上的，实际上专业技能很难在短时间内有所提升，尤其是软件行业。那么另外一种则是比较现实的发展方向，即向业务转型，做业务老大，只要业务精通，资源自然会向你倾斜。当项目经理在业务和需求方面引领了用户和市场，就可以不必再与职能经理PK要资源了，可以拿着业务王牌直接向公司要资源，向PMO（Project Management Office，项目管理办公室）要资源，向总裁要资源。

综上，职能经理是互联网和SaaS软件项目中的重要干系人，对项目来说，他决定了项目资源的质量和数量甚至投入时间，间接决定着项目计划的执行效果，当然也间接决定了最终项目目标的达成和交付质量。虽然在弱矩阵和平衡（复合）矩阵中项目经理会面临太多的来自于职能经理和职能部门的约束和限制，但为了项目的成功，项目经理要尽量争取职能经理对项目的支持，当出现矛盾时，不要激化矛盾，尽量在PMO框架内，在更高的组织层面寻求资源的平衡。

试想一下，CEO（Chief Executive Officer，首席执行官）把你委任为一个SaaS软件交付项目的项目经理，明确了项目目标和责任，当你需要组建项目团队时，开发经理说开发工程师都投到其他项目中了，没人，你该怎样处理？跟CEO反馈说没人可用，他会不会觉得你没有领导力？或者分给你的开发工程师在项目中绩效低，产出极少，导致项目延期，而项目失败的第一责任人是你，那个绩效差的开发工程师却因为身兼多个项目，在你的项目中低绩效的表现不但没有被警告或惩罚，反而成了公司里的劳动标兵，你该如何面对？没错，职场就是这样残酷，仅有管理方法是做不成项目的，与职能经理相爱相杀，可能会伴随非强矩阵架构中的项目经理的整个职业生涯。搞清楚二者的不同定位，搞清楚自己在公司组织架构中的位置，才能更好地理解你的组织，理解你的项目，并想办法让它成功。

1.6　PMO和项目经理

PMO是一个组织，全名是Project Management Office，即项目管理办公室，它并不是单指一个岗位或某个人，与CEO的缩写不同，PMO的O是指Office而非Officer。

有些公司成立PMO是为了管理项目经理或项目集，有些是为了建立统一的项目管理规范；或二者兼而有之。通常PMO的定位在公司内是战略级的，直接向公司高层汇报并有一定的盈收压力，对公司的战略利益负责，并可以直达项目组解决项目实际问题。

PMO既然是一个组织，那么它是由哪些人组成的呢？一般PMO由公司重要部门的管理层组成，拿笔者工作过的一家互联网SaaS软件企业来举例，PMO团队由CEO、销售总监、CTO（Chief Technical Officer，首席技术官）、项目总监和两位高级项目经理组成，如图1-9所示。大家共同面对项目交付过程中产生的高级别和共性的问题，在更高的层面来协调资源推动解决。

图1-9中用灰色标示角色是PMO的成员，可见成员中的每个人都有实际的工作岗位。此时的PMO是一个虚拟的、兼职的组织。也有些公司存在专职的PMO岗位或部门，这取决于不同公司对PMO的不同期望和定位。

如果说职能经理与项目经理是相爱相杀的一对冤家，那么PMO则是项目经理的娘家人、自己人。PMO的主要责任，或者说它存在的意义，是为了保障项目交付成功，向下要解决项目中的具体问题，向上帮助公司达成战略目标，是承上启下的一个中场职责。

从图1-9中可见PMO成员并没有级别的限定。笔者当时的公司面临的主要问题是后端开发资源紧张，导致较多的项目不能按期交付。项目经理和销售团队没有办法解决，将问题上升到了CEO办公室，所以主要是为了解决资源冲突的问题，才开始产生了如上的PMO组织。随着形势的变化，在职场中不同的公司会面临不同的问题，PMO的组成和定位也不尽相同，这里请大家灵活理解。

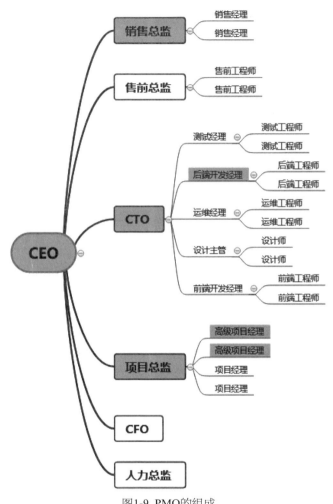

图1-9 PMO的组成

在职场中PMO不一定是项目经理的领导，也不一定全由项目经理组成。它的组成完全看公司对PMO的期望是什么和公司面临的主要问题是什么。但通常PMO成员的职级会偏高一些，这样才有足够的权限处理跨部门的问题。

PMO也不是每个公司都存在。一个公司设立PMO，至少说明该公司对于项目交付质量和项目风险管理非常重视。通常PMO服务于弱矩阵或平衡（复合）矩阵的情景比较多。这里大家可能会有疑问，既然公司重视项目交付，为什么不采用强矩阵架构呢？事实是，在强矩阵架构中项目经理对PMO的依赖比较小，甚至不需要PMO，每个项目经理都可独当一面，向下有足够的权限处理项目问题，向上可以直接向管理层汇报，所以PMO更大程度上存在的意义是服务于弱矩阵或平衡（复合）矩阵中的项目经理。采用弱矩阵或平衡（复合）矩阵架构的公司，并不是不重视项目交付，也许是因为企业类型、产品方向或固有的组织架构等种种的原因所导致的，所以采用非强矩阵的项目架构，并不代表公司不重视项目交付质量。

除了解决项目过程中的问题，保障公司战略实施，向高层直接汇报进行中的项目状态以外，PMO主要的职责是约束和指导项目经理，建立项目交付流程规范，PMS（Project Management System，项目管理系统）选型和培训，定义各个关键节点上每个项目必需的输入和输出标准。这些工作要求PMO成员必须具备丰富的项目管理经验。除了救火以外，PMO更大的价值是防火。所以在实际工作中，PMO指导项目经理工作是家常便饭。项目经理发现项目中的问题，当超越了自己的权限范围，也应第一时间向PMO反馈以寻求帮助。但二者通常并不是上级和下级的关系，如图1-9所示，PMO与项目经理是你中有我、我中有你的关系。没有一线项目经理参与而只有高级领导组成的PMO是空中楼阁，是不能够直达基层指导项目工作的。当一名项目经理掌握了足够多的项目管理技巧和知识，愿意把成功的经验分享给其他项目经理同事，也可以申请加入PMO来使自己的知识和经验最大化地为组织服务。

PMO与项目经理的关系：

（1）PMO是项目经理的娘家人、自己人。

（2）PMO是项目经理在职场中的一个晋升方向。

（3）PMO约束指导项目经理工作的同时，也负责协调处理项目经理所面临的实际项目问题，因为二者有着共同的保障项目成功交付的责任。

（4）如果项目经理是项目成败的第一责任人，那么PMO就是第二责任人。

1.7　产品经理和项目经理

1.7.1　产品经理的前世今生

我们知道"项目是为创造独特的产品、服务或成果而进行的临时性工作"，从PMP对项目的定义可知，创造产品也可以是一个项目。那么产品和项目究竟是怎样一种关系？是产品领导项目，还是项目领导产品？我们先从软件行业产品思维的进化说起。

国内早期的软件行业，普遍没有产品的意识，To-B软件公司的主营业务是定制开发的外包形式，对软件公司来说就是一个客户对应一个项目，客户要什么，项目就来设计和开发匹配需求的软件来满足交付。另外一些To-C（To Customer，面向个人客户）的软件公司，比如腾讯、金山，实际上拥有自己的主打产品，产品是由老板兼程序员开发出来的，虽然没有产品经理这个独立岗位，但老板在研发的同时扮演了程序员和产品经理的双重角色。

大概在2005年之前，国内整体软件行业基本上是没有产品概念的，只要有好的技术，就总能找到市场，总会有用户。因为那时的市场是空白的，到处是机会，一个软件成果是否被称之为产品、是否具有产品思维并不重要。从2005年之后，互联网兴起，Web 2.0、SaaS、互联网+、IOT（Internet of Things，物联网）等概念开始出现，软件开发团队分工逐渐细化，产生了多个新的岗位，这其中就包括了后来职场中很热门的前端工程师和产品经理岗位。

前端工程师和产品经理岗位的出现，并不是由新的工作需求导致的，而是他们的工作一直存在，只是以前没有以单独的岗位形式独立出来。在软件行业的早期，开发工程师是不分前后端的，工程师既要写Java、C#这些后端代码，又要掌握JS、CSS等前端技术。而产品方面，软件需求通常由需求分析师或软件公司的管理层来主导。所以，前端工程师和产品经理岗位的工作内容在行业里一直存在，只是早期没有形成独立的岗位。随着前后端分离等技术理念的出现，开发工作的分工更细了，出现了前端工程师这样新的岗位，可以让原本兼顾前后端的开发工程师专注于后端开发，解放了一部分精力。而与此同时，To-C软件公司的老板们开始忙于老板的事情，程序员也忙于程序员的事情，当初那个写程序的老板还需扮演产品经理的现象消失不见了，产生了产品经理这个专人专岗的新的岗位需求，帮助团队来统筹技术和业务方向。

把前端工程师和产品经理放到一起介绍，并不是因为二者有什么联系，只是想让大家明白，软件团队角色岗位的演变，并不是单纯地人事架构变化，而是与软件技术进步紧密相关的。软件开发团队的架构和技术进步是互相影响的，是螺旋式的发展，而前端工程师和产品经理则恰好是在这种发展过程中独立出的比较典型的两个岗位。

除了To-C的软件公司和互联网公司产生了产品管理的需求，传统的To-B软件公司因为交付的项目多了，各自都已深耕在所处的行业多年，所以再服务于不同的新客户时，已有大量的可复用技术。所以越来越多的项目已不再是完全的定制化开发交付，而是基于大量可复用技术+少量定制化开发来完成交付，这样大大降低了项目成本和风险，也缩短了交付时间。基于这个背景，"大量可复用技术"逐渐让老板们想到了产品化，所以在To-C和互联网软件公司产品化的同时，To-B软件公司也建立起了自己的产品思维和新的团队架构。

1.7.2 产品经理与项目经理的分工协作

产品经理与项目经理的分工协作，大致有三种类型：To-B项目型团队、To-B产品型团队、To-C产品型团队。

To-B项目型团队

To-B项目型团队架构如图1-10所示，这个架构中项目经理是老大，需求分析的工作可以由项目组中的产品经理来分担，这时的产品经理在项目组中等同于需求分析师。产品经理与其他成员一样向项目经理汇报，并对项目的需求质量负责。这个架构通常出现在需要产品化的To-B的软件公司。一般在最初没有很多的可复用技术的情况下，公司希望依靠某一项目的开发，为公司开辟出一条新的产品线，或者在交付后争取在甲方内部持续运营这个软件，因此在项目内部会指定专门的产品经理，在协助项目经理完成项目交付的同时，负责为公司建立新的产品基线以供后续其他项目复用。这时的项目经理通常工作在强矩阵架构中，产品经理是项目组的一名成员。

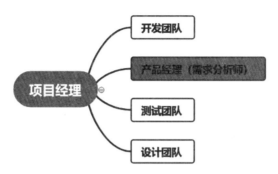

图1-10 To-B项目型团队架构

To-B产品型团队

To-B产品型团队架构如图1-11所示，这个架构同时出现在To-B的SaaS软件公司和互联网公司。项目经理和产品经理是平等合作的关系。产品有自己独立的研发团队和发布周期，项目的交付基于已有产品的主干，在产品主干的基础上拉取不同的分支来完成对不同客户的定制化开发交付。在这个过程中项目经理需要与产品经理共同确定产品和项目的边界，产品经理给予项目经理在公司内部产品线方面的支持，由项目经理完成最终对外部客户的交付。这时的项目经理通常处于弱矩阵或平衡（复合）矩阵架构中，与职能经理和产品经理互不隶属，是平级之间的合作关系。

图1-11 To-B产品型团队架构

To-C产品型团队

To-C产品型团队架构如图1-12所示，这个架构中产品经理是老大，项目经理在产品需求边界清晰的情况下，负责与开发团队交互，完成产品的需求落地。这里的项目目标，就是完成产品经理的需求，项目的唯一客户是产品经理。项目经理要与开发团队协作，共同完成产品经理对于软件产品的需求定义。这时的项目经理通常是产品经理的助手，或者干脆没有项目经理的存在，而由产品经理兼任项目经理的职责。在这种情况下，产品经理除了做产品规划、用户调研、市场分析以外，其实也是一名项目经理。此时的产品经理因为需要与项目组，即开发团队互动，同时也要面对团队内外的各方干系人，所以也需要掌握完整的项目管理技能，最好拥有PMP认证。

图1-12 To-C产品型团队架构

还有一种观点简单地认为产品经理主要是对内的，项目经理主要是对外的。这种理解并不准确，我们首先明确"内"如果指的是技术团队，那么"外"其实有两种定义：在To-B环境中是指B端甲方客户，在To-C环境中是指市场和C端用户。可见不论是项目经理还是产品经理其实都是既对内又对外的，只是根据环境的不同，所面对的外部群体不一样。两者的共同点是都要与内部的技术团队打交道，不同点是产品经理对外时面对的是市场和C端用户，而项目经理对外时面对的是B端甲方客户。

综上，产品经理与项目经理负责的方向不同，合作的模式也不同，在不同的合作模式下工作内容又有重叠的部分，所以我们不能简单地认为两者是等同或不同的关系。实际工作中这两个岗位的存在都是为了一个目标，那就是将软件需求由业务角色更加平滑地过渡和传递到技术角色，为的是最终创造高质量的软件。如果产品经理具备了项目经理的技术背景和综合能力，或者项目经理具备了需求、市场和用户分析能力，那将是未来软件行业非常抢手的人才。目前行业中已经有大量的TPM（Technical Project（Product）Manager，技术项目

（产品）经理）岗位需求，可见不论是产品经理还是项目经理，单纯地管理产品或管理项目都不再能满足市场的需要。懂产品、懂技术、懂管理的复合型人才将是产品经理和项目经理未来共同的发展方向。

1.8 甲方项目经理和乙方项目经理

1.8.1 不平等的利益共同体

在软件行业To-B领域，不论公司是否有主打产品可复用，大体上都是甲方出钱提需求，乙方收钱做交付。甲乙双方需要进行大量的沟通和碰撞，各自协调大量的资源来推动项目成功。这里的沟通和碰撞，不可能是甲方所有干系人与乙方所有项目组成员的碰撞，根据PMP沟通渠道计算公式，假设干系人的数量=n，那么沟通渠道数=n(n－1)/2，这样多对多的碰撞和沟通将是灾难性的、不可管理的。所以通常当一个项目立项时，甲方会委任甲方的项目经理、乙方会委任乙方的项目经理来作为双方各自团队的对接人进行项目的主要沟通。

多数人认为完成项目是乙方的事，甲方只要监工就可以，尤其是当我们谈到项目经理时，下意识地都会泛指乙方的项目经理，因为乙方承担了项目大部分实质性的落地工作。现代项目管理学尤其是敏捷方法已经否定了这种定位。一个项目的确立通常是为了满足甲方的利益需求，甲方有足够的利益驱动才会发起一个项目，才会有乙方的参与。所以当项目失败，除了表面上我们看到的乙方需要履行的违约责任和赔偿，承担更多损失的其实是甲方。所以项目的成功与否对于双方来说同样重要，从结果来看，项目成败也是双方共同工作的成果。

从过程来说，甲方的参与和资源的支持，对整个项目的交付也是至关重要的。敏捷理论更是直接把甲方用户当作敏捷团队的成员，要求用户从始至终地参与项目过程，可见项目管理过程也受甲乙双方共同的影响。那些放任项目自由发展，把压力和工作全部抛给乙方的甲方项目经理，在职场中很常见，并且一般乙方公司还会专门要求乙方项目经理要具备应对这样的甲方干系人的能力，这其实是国内软件行业的一个特色。以大压小、客大欺店是普遍常态。从管理的角度来说，当你作为项目经理服务于一家甲方公司，其实丝毫不会比乙方项目经理感到轻松，因为两者有着共同的技能要求和工作内容，也面临着不同的压力和挑战。

甲乙双方项目经理的关系在职场中比较微妙，理论上是协作关系，但实际上，甲方项目经理因为是客户，所以潜意识中会把乙方项目经理当作是自己的下属。即便甲方项目经理没有把对方当下属，乙方项目经理通常也会主动地把对方当作自己的领导。这是业界常态，现实中甲乙双方项目经理的地位通常是不对等的。

1.8.2 谁来管理业务用户

区别来看，甲方项目经理的主要侧重点，是业务用户方的需求调研、需求边界确认、供应商管理、项目执行监控、验收。乙方项目经理的主要工作，是需求管理、推动开发团队实现需求、质量控制、变更控制。双方最大的工作重叠，是需求部分。有的人可能会问，为什么甲方项目经理要做业务用户的需求调研呢？他自己不就是业务用户吗？其实职场中甲方项目经理一般都出自甲方公司的IT部门或信息科室，他并不能代表真实的业务用户。他完成这个项目是为了提供可用的软件系统给业务部门的同事来使用，他只是负责监督这个软件的建设而已，如图1-13所示，业务部门的同事才是软件真正的最终业务用户。

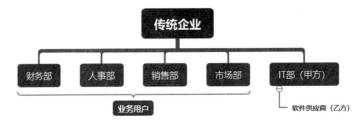

图1-13 业务用户

例如笔者服务过的一家医疗企业，企业性质虽然是医院，但医院的员工并不全是医生和护士，和其他类型的传统企业一样也有职能部门和行政科室。为了建设新的软件系统供医院的医生、护士、财务和前台等业务用户使用，会在公司设立IT部门，这个IT部门里的员工通常会作为软件项目的甲方项目经理来与乙方的软件供应商团队协作，共同开发业务用户们需要的软件系统。IT部门里的员工通常会同时具备一些医疗背景和IT背景，但并非都很专业，他们以IT人员的身份工作在传统企业中，但他们并不能代表医生、护士、财务、前台等真正的业务用户。虽然他们更贴近业务用户，比乙方团队更了解业务用户，但他们不是业务用户，他们和乙方一样是软件的建设者或搬运工。图1-13是很多传统企业的组织架构的缩影，大都相差不多。

将业务需求转化成技术需求，是甲方项目经理的工作，因为甲方项目经理距离真实的业务用户更近，而把技术需求转化成软件成果，才是乙方项目经理的分内工作，如图1-14所示。

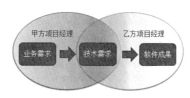

图1-14 甲方项目经理与乙方项目经理的工作

但实际工作中，我们经常见到甲方项目经理当甩手掌柜，把所有需求工作都抛给乙方去做，自己成了"监理"。这时对乙方项目经理来说，就需要跳过甲方项目经理直接面对甲方的业务用户来获取业务需求。职场中很多企业会推荐这样做，认为这样会提高需求的传递效率和准确度。因环境不同，也许这种方式会工作得很好，但严格来说这其实是甲方IT部门或项目经理的一种失职，是以乙方做更多工作投入更多成本为代价的。试想如果需求因为经过了甲方项目经理就会导致传达的低效和失真，那么间接证明了甲方项目经理是沟通过程中的干扰而非中继，他的专业性和对工作的投入程度是应该被质疑的，不应把所谓的"沟通效率提升"当作甲方项目经理失职失能的遮羞布。

实际上甲方项目经理对业务需求不仅仅起传递的作用，还需要利用业务和IT背景的综合优势来审核业务需求，对业务需求提出更完善的专业意见，保障需求的质量，其实是以更专业的角度维护甲方的利益。如果为了需求传递效率而忽略了这部分极有价值的工作，对甲方来说其实是弊大于利的。甲方项目经理这个环节对需求或信息的传达应该起到一个优化和管控的作用，如果做不到优化和管控，相反会降低效率或失真，那么就应该想办法让能做到的人来做，或者进行职业培训以及招聘，而不是跳过这个关键的环节让乙方来代替，这是对甲方利益的漠视和不负责任。

　　统筹业务需求、管理业务用户是甲方项目经理的分内职责，对项目的整体管理和最终成败都非常重要。甲方的IT部门和 IT项目经理是传统企业进行信息化建设和数字化转型的关键岗位，值得所有的传统企业重视和培养。

　　理论上甲方项目经理需要掌握的项目管理知识，其实和乙方项目经理一样，丝毫不会降低或减少，承担的责任也没有大小轻重之分。一个项目如果失败，即便是因为乙方的过错，对甲方项目经理来说其实也是一样的失败。笔者希望作为项目经理的你，在软件交付过程中如果扮演了甲方的角色，也能够展现出一名项目经理应有的能力和担当，不论是甲方还是乙方，都能利用掌握的知识和应有的责任担当，态度端正地把项目担起来，管起来，带向成功。

1.8.3　不同的立场和心态

　　从图1-15可以发现，甲乙双方项目经理分别需要关注的项目管理知识领域，其实重叠部分很大，基本上是一对利益共同体。所以不论是甲方还是乙方项目经理，掌握全面的项目管理技能都是必要的。在实际工作中，甲方项目经理的汇报对象是甲方的项目发起人，主要的工作内容是甲方公司内部的资源协调、工作流审批、合同管理、请款、立项、需求调研、变更控制、用户培训、运维等；乙方项目经理的汇报对象是直线向乙方公司项目总监或总经理，虚线向甲方项目经理，主要的工作内容是需求分解、乙方团队的人力资源管理、合同审核、履约、技术攻关、团队建设、质量控制、进度汇报等。

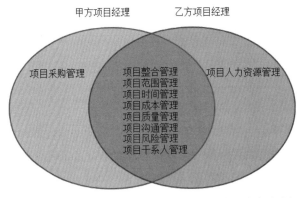

图1-15　甲乙双方项目经理需要关注的项目管理知识领域

还是拿笔者曾服务过的这家医疗企业举例，当时笔者工作在IT部门，服务于医院的医生、护士、前台、财务等业务同事。软件开发由签约的软件供应商来做。做了多年乙方项目经理后转换为甲方项目经理的角色，工作中发现虽然大部分项目管理方法和关注点相同，但二者还是略有不一样的地方。

（1）作为乙方，会急于与用户敲定需求，希望早一点确定范围边界，好为后面的开发测试争取更多的时间。而作为甲方，需要在需求方面更加慎重，通过各种方式，频繁地与各个层面的用户从不同的角度交流，谨防软件方向上的错误，或需求遗漏或偏差。因为一旦需求调研完成，发生需求变更将会带来成本方面的压力。一旦变更就需要修改合同、重新请款、重新修订项目计划、通知干系人，无一不是让人头疼的事，关键的是这说明了前期的需求工作不充分，间接地会对自己的工作评价产生影响。

（2）作为乙方，面对甲方项目经理的不合理要求比较容易妥协，能满足的只要不涉及大的成本变更，都会尽量满足，为的是讨一个好人缘。而作为甲方，很多项目边缘或项目以外的事情，或不合理的变更请求，交给乙方去做其实并不是那么心安理得。如果乙方拿成本约束自己，会让自己在公司内部和领导面前很被动。所以其实项目中的甲方并不是绝对的强势，乙方也不是绝对的弱势，而是双方是一种互有约束、互相忌惮的制衡关系。

（3）作为乙方，经常会为团队的人力资源不足而烦恼。例如开发找不到人，测试找不到人，高级工程师紧缺，或者争取到的团队成员能力不理想，还要帮助成员学习，或者团队成员关系不合，互相闹矛盾，沟通不畅，等等。这些在转换为甲方项目经理后看似可以撒手不管了，工作中只要牢牢抓住乙方项目经理一人就可以，确实是解放了很多精力，但解放出的这部分精力，转而会花在合同、资源申请、商务流程、请款等内部流程上。其实为项目消耗的精力是一样的，只是换了地方。

（4）作为乙方，合同代表了项目目标，很少去分析目标的正确性，只追求高效地达成目标，合同收口越小越好。而作为甲方，拟订合同时慎之又慎，尽量起草敞口合同，以便应付拟订合同时没想到的未来的意外场景，希望尽量能在零成本的情况下应对未知的变化，合同中会尽量减少对未知或变化的约束。

（5）作为乙方，在UAT（User Acceptance Test，用户验收测试）阶段，比较担心深度使用后被用户发现太多的Bug（软件运行时难以被发现的缺陷和问题）。而作为甲方项目经理，在用户深度使用后如果发现操作层面的Bug，则完全不担心，反而是功能方向性的一些问题更让人紧张。因为操作层面或表现层的问题再多也无所谓，说明只是在正确的道路上遇到了问题，解决就是了。可一旦是业务逻辑或方向性遇到了问题，就是大问题，说明道路走错了，无疑是更严重的问题。可见甲方的关注点会更宏观。

（6）作为乙方，曾经以为与甲方项目经理是互相博弈、斗智斗勇的关系，甲方总是恨不得找出软件无数个漏洞让乙方修复。当作为甲方项目经理，当自己面向业务同事讲解系统和使用培训时，会有意地回避系统的短板，绕过已知的Bug，接受用户反馈的同时更乐于听到赞许的声音，此时的自己与这个软件是站在一起的，不再挑刺、对立，而希望它是完美的，正确的。其实所有来自甲方的对立、挑刺，都是为了最终成果的完美、正确。

以上从甲乙双方不同的视角来说明面对项目工作时各自不同的立场和心态，希望可以帮助大家换位思考。对干系人的分析是项目经理必做的功课，不论你是甲方还是乙方的项目经理，对方的项目经理就是你最重要的干系人。换位思考、同理心是做好项目干系人管理最重要的能力。

不论工作在甲方还是乙方，作为项目经理，掌握足够的项目管理知识和技巧，是胜任工作的基础。实际职场中，甲方或许有甲方的优越感，乙方或许有乙方的辛酸，但其实大家的目标一致，都是为了项目的成功而走到当前的位置。不管处于哪个位置，了解格局的全貌，就可以换位思考，求同存异，灵活应对项目中的冲突和问题。其实职场中每个角色都有自己的约束或弱点，项目经理需要通过换位思考来分析出每个干系人的约束或弱点，对其加以利用以便更好地为项目服务。

第 2 章

项目管理基本功

2.1 瀑布和敏捷

首先不论瀑布还是敏捷的项目交付模型，都不仅限于软件项目。建筑行业的项目通常采用瀑布模型（Waterfall Model），有严格的施工顺序；而房屋装修的项目则很适合采用敏捷模型来交付。

2.1.1 什么是瀑布

瀑布模型是一个项目开发架构，开发过程是通过设计一系列阶段顺序展开的，从系统需求分析开始直到产品发布和维护，每个阶段都会产生明确的输出。因此，如果有工作被遗漏或者发现了问题，那么最好"返回"上一个阶段并进行适当的修改，否则项目进程将从当前阶段"流动"到下一个阶段，如图2-1所示，这也是瀑布模型名称的由来。包括软件工程开发、企业项目开发、产品生产以及市场销售等过程行为构造了瀑布模型。

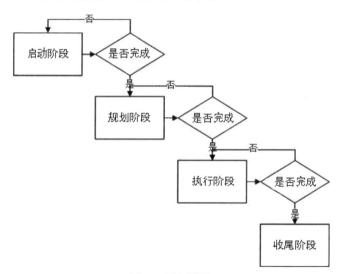

图2-1 瀑布模型

在瀑布模型里，软件项目的每个阶段，启动、规划、执行、收尾都会严格地按照先后顺序完成各个阶段的工作，当一个阶段的工作没有完成，是不能开展下一阶段工作的，或者当在后一阶段中发现了前一阶段的问题，则应立即返回前一阶段，解决好所有问题后再进入下一阶段。比如，当一个软件项目在开发阶段，发现需求有问题，则需要对需求工作进行返工，开发工作会因此暂停；当项目在收尾阶段，发现开发过程中某些功能实现有问题，则应中止收尾工作而返回到开发阶段修复所有问题，待所有问题解决后再经过测试环节，无误后再重新进入收尾阶段。

项目管理方法论发展至今，管理理论中的各种方法、手段、所要解决的问题，大多是针对瀑布模型下的问题。比如先要做好SOW（Scope（Statement） of Work，项目工作范围）才可以分解WBS，分解好了WBS才可以制定项目计划，有了项目计划才可以进入项目执行和监控阶段，等等。当我们运用所有熟知的主流的项目管理方法来服务于瀑布模型的项目时，会发现它带给项目的优点和缺点都非常明显。

瀑布的优点

（1）项目流程明确，分支少，易于管理和进行资源分配。

（2）因为返工的特性会导致一部分工作被反复执行多次，间接地会提高交付物的质量。

（3）各阶段的边界和产出物明确，责任清晰。

（4）从一开始就规划全部，中间过程和收尾工作内容趋近于已知，比较容易管理已知风险。

（5）项目进展清晰易懂。

（6）作为各个阶段的产出物，会产生大量的项目文档供追溯。

瀑布的缺点

（1）受项目内部或外部因素影响，极易造成返工，适应变化的能力差。

（2）项目成果在最后时刻才可以进入生产环境验证运行情况，最终交付物的质量风险较大。

（3）需求和项目计划在早期很难全面明确，而中途变更的成本又过高。

事实上，现代软件项目成功交付的比例并不高，PMP有介绍，IT行业中大约有70%的软件项目最后是失败的，只有约30%的软件项目可以被定义为成功。可见软件项目管理工作的难度之大。除去人员、环境、资金等方面因素外，造成项目失败的主要原因有：

（1）频繁的变更导致的成本超支、进度超时、质量失控。

（2）经过漫长的项目周期后，项目最终的交付物已经背离了当前实际的业务需要。

总结起来就是，瀑布模型的交付过程冗长并且对于项目过程中将发生的变化并不友好，它是难以适应变化的。

为解决瀑布模型的缺点，诞生了善于拥抱变化的敏捷方法。

2.1.2 什么是敏捷

敏捷宣言，也叫作敏捷软件开发宣言，正式宣布了四个核心价值和十二条原则，可以指导迭代的以人为中心的软件开发方法。

敏捷宣言强调的敏捷软件开发的四个核心价值是：

- 个体和互动 高于 流程和工具。
- 工作的软件 高于 详尽的文档。
- 客户合作 高于 合同谈判。
- 响应变化 高于 遵循计划。

也就是说，尽管右项有其价值，但敏捷更重视左项的价值。

敏捷宣言提出的十二条原则已经应用于管理大量的业务以及与IT相关的项目中。十二条原则包括：

（1）我们最重要的目标，是通过持续不断地交付有价值的软件使客户满意。

（2）欣然面对需求变化，即使在开发后期也一样。为了客户的竞争优势，敏捷过程掌控变化。

（3）经常地交付可工作的软件，相隔几星期或一两个月，倾向于采取较短的周期。

（4）业务人员和开发人员必须相互合作，项目中的每一天都不例外。

（5）激发个体的斗志，以他们为核心搭建项目。提供所需的环境和支援，辅以信任，从而达成目标。

（6）不论团队内外，传递信息效果最好效率也最高的方式是面对面的交谈。

（7）可工作的软件是进度的首要度量标准。

（8）敏捷过程倡导可持续开发。责任人、开发人员和用户要能够共同维持其步调稳定延续。

（9）坚持不懈地追求技术卓越和良好设计，敏捷能力由此增强。

（10）以简洁为本，它是极力减少不必要工作量的艺术。

（11）最好的架构、需求和设计出自自组织团队。

（12）团队定期地反思如何能提高成效，并依此调整自身的举止表现。

敏捷方法的出现顺应了互联网时代软件开发的需要，将开发团队从冗长、烦琐、僵化的瀑布模型中解放出来，让项目得以拥抱变化，把用户当作项目团队的一员。敏捷的核心思想，是把大项目成果拆为小项目成果，大项目需求拆为小项目需求，利用短期小版本迭代交付的方式，通过多个小迭代来最终完成整体项目的交付。在这个过程中，每个小迭代的开始、执行、结束都由用户全程参与，完美地规避了瀑布模型的主要问题。所以，敏捷并不复杂，主要是分而治之、各个击破、步步为营的管理思想。虽然有大量的敏捷实践方法，比如燃尽图、看板、站立会议、用户故事等，但所有敏捷方法只是实现目的的手段，敏捷的思想比方法更有价值。

2.1.3 管理者的取舍

敏捷虽然好，对于传统瀑布模型来说，是一种完美的进化和演变，但因为它对团队整体人员的要求较高，并不是项目经理掌握了敏捷方法就可以让项目敏捷，还需要团队成员、客户等干系人共同接受并掌握才可以，所以完整的敏捷实践在国内软件项目中并不容易100%落地。笔者所经历和了解的国内敏捷项目，以裁剪过的敏捷实践居多，或者叫小瀑布迭代模式，这种裁剪过的敏捷模型更适用于国内软件开发团队。

作为项目管理者千万不要为了敏捷而敏捷，敏捷方法是为项目服务，为解决问题而生，不要为了沾上"敏捷"的热度而生硬地照搬。请先确认你的团队成员、客户以及组织是否真正地理解并接受敏捷，避免闹出笑话。比如客户要求项目经理采用敏捷方法交付，但他自己作为业务对接人却完全无法适配团队的工作节奏，甚至项目启动后客户就消失了；或者是公司高层希望项目团队采用敏捷交付，但团队成员没有经过敏捷培训，产出也并不稳定，并且一部分人十分抗拒敏捷方法。

所以项目能否敏捷并不取决于某一部分人的主观倾向，而是需要组织、团队、项目经理、客户全方面的能力支持。敏捷不是项目经理一个人的事。

既然有敏捷方法的存在，我们还有必要学习以瀑布模型为背景的传统项目管理方法吗？答案是有。因为两者是相辅相成，你中有我，我中有你的关系。传统项目管理方法中还有大量的可优化空间，并不会因为敏捷的出现而中止研究，瀑布模型中成熟的方法论和它们的优化成果，也会间接地推动每个敏捷迭代的管理方法的升级。可以说，瀑布是只有一个大迭代的敏捷，敏捷是有多个小迭代的瀑布。敏捷的价值在于使项目有机会拥抱变化，而变化恰恰是瀑布模型的死敌。在软件开发技术和商业市场瞬息万变的今天，瀑布模型已难以适应普遍存在的变化，但是瀑布模型的管理方法并没有过时，除了拒绝变化之外仍然可以很好地服务于项目。所以基于瀑布模型的成熟的管理方法论，加上敏捷思想通过小版本的迭代交付来拥抱变化，也就是瀑布与敏捷的结合，强调的是敏捷的思想而非方法。这种裁剪后的敏捷，是笔者认为非常适合目前国内软件团队的项目交付方式。

不要跳过传统项目管理课程而直接学习敏捷，项目经理在学习敏捷方法之前，要牢固熟识所有的瀑布模型管理方法的优点和弊端，才能更好地学习应用敏捷，否则将是空中楼阁，不堪实用。

2.2 项目计划怎样做

一提到项目计划，很多人会有疑问：

项目一步一步做就好了，计划出来给谁看？

计划没有变化快，为什么要计划？

作为项目经理的我还不清楚很多事情，我该怎么做计划？

2.2.1 项目计划的价值

PMP非常重视项目计划，它是项目规划阶段非常重要的产出物。虽然很多项目计划实际是以甘特图形式展现，但PMP所指的项目计划则更加全面，不止于此。它应由项目各个方面的子计划组成：项目质量管理计划、项目成本管理计划、项目进度计划、项目范围管理计划、项目沟通管理计划等。项目计划并不是为了计划而计划，项目计划的主要价值在于：

1. 推动项目经理为首的项目组成员正式地开始项目工作

当项目处在启动或规划阶段，项目的资源未必全部到位，此时所有的干系人投入在项目中的精力并不多，每个人都是谨慎地、渐进地推进项目。当项目需要开始编制项目计划的时候，通常是项目有了明确的启动信号和授权，这时需要一个人站出来作为领头羊第一个全身心地投入项目工作，结束大家你看我、我看你的半观望状态。编制项目计划的需求在此时推了项目经理一把，项目经理站出来开始工作预示着项目工作正式开始了，请所有人就位。

大家不要小看这个动作，一个项目章程和Kick Off Meeting（项目启动会议）只是形式，它并不能真正地让所有人动起来，那只是一个象征意义更大的标志性事件。而项目计划的开始编制，意味着项目真正进入实施阶段，会让所有半观望状态的项目组成员产生应有的紧迫感。

最适合第一个站出来开始项目实质性工作的人，无疑是项目经理。最适合开始的第一份实质性工作，是编制项目计划。如果此时项目经理对项目的全貌仍不清楚，这也很正常，不足以成为不去编制项目计划的理由。恰恰相反，正因为信息不完整，所以才需要项目经理从项目计划开始去完善缺失的信息。通过编制项目计划，项目经理才会慢慢解开所有对项目认识的疑惑，才能一点一点去了解项目的方方面面。从某种角度来说，并不只是项目经理编制了项目计划，而是编制项目计划的工作也反向推动着项目经理真正开始了解整个项目，二者其实是互相推动的关系。

2. 计划作为项目执行的基线，起到执行参照的作用

如果项目没有计划，一步一步按照经验实施，那么项目执行的每一步，是正常还是非正常，非正常多少，就只能参照经验。参照经验就意味着主观，主观就会让一个项目的成败更多地由某个人的水平和经验来左右，这对项目来说是非常大的风险，越是当项目执行到后期，这个风险就会越大。因为此时项目身处哪里，距离目标有多远，方向对不对，大家是完全不知道的。项目计划就像一个地图，将引领团队从项目起点走到项目目标的终点。而项目当下的状态则好比GPS（Global Position System，全球定位系统），地图结合了GPS，就可以很直观地把项目状态实时地展现给所有干系人。

虽然项目计划在执行过程中几乎没有不改动的可能，但这并不影响它作为基线存在的价值。基线是一个参照主线，它并不是不可修改的，并且修改的次数多，也并不代表基线没意义。当实际情况与最初计划的基线发生较大的差异，而我们又不能纠正实际情况来符合基线时，就必然要修改基线，也就是项目计划。所以项目计划并不是一成不变的，而是在项目过程中会被修改很多次。

首先，每一次的计划修改都要经由CCB（Change Control Board，变更控制委员会）的变更控制流程来审批，并不是随意地改，而是要有评估有记录，并且还要通知所有项目干系人，所以项目计划的修改通常是重大且正式的，需要集体评审的。

其次，每一次修改计划后，并不影响它继续作为项目基线的价值。修改后的项目计划仍然是有效的项目执行状态的参考。

所以不要因为计划没有变化快而看轻了计划。变化是必然的，不管多么频繁的变化，项目的基线都是必要存在的，并且项目基线的变更历史要能记录

所有的变化。当一个项目非常频繁地修改项目计划，即使每一次修改都经过了CCB的审批同意，那么这仍然是一个问题，说明项目计划的质量不高，前期项目经理对于项目计划的编制过程不够全面和认真，或对项目了解的程度不深。所以项目计划的可执行性也是评价项目经理的前期工作绩效的一个方面。

3. 项目计划是质量保证的一个重要输出

项目质量管理中非常重要的两个动作，是质量控制（Quality Control，QC）和质量保证（Quality Assurance，QA）。其中质量控制的动作大多是在项目后期，在团队产出了实际产品后开始实行的质量检查。对软件项目来说就是开发完成后的测试工作，此时的质量控制工作一般由项目组的测试工程师完成。而质量保证是贯穿项目始终的，是通过一系列的方法政策在初始阶段就开始来确保产品质量的连续动作。如果把质量控制比作汽车制造流水线中的整车下线后的质检，那么质量保证就是汽车生产车间内为保障生产质量而建立的一系列的车间纪律，比如上岗前要除尘除静电，某一个具体操作的误差要限制在指定数值之间，等等。可见与质量控制的被动检查不同，质量保证是防患于未然，是主动进行的质量工作。

那么对于客户来说，通过什么来了解项目的质量保证工作呢？有时乙方项目组内部的规章制度并不一定会对外公开，即便对外公开了，内部的实际执行效果怎么样客户也无从得知。所以对于项目的质量保证，客户除了信任一个熟悉放心的项目经理，更需要信任一个全面详实的项目计划，当然项目计划中也包括了质量管理计划。

所以一个全面细致的项目管理计划，可以增加外部干系人对项目执行的信心，从而为项目提供更多的便利和支持。规范全面的项目计划本身就是一个很好的质量保证。项目计划的质量，最大限度体现出了项目经理和项目组成员对项目的认识程度。如果它质量够高，客户会对项目成功的信心大大增加。同时客户在项目计划中也能看到项目经理对项目目标理解的偏差，可以在早期消灭掉双方认识的差异，避免执行阶段的变更。所以好的项目计划足以让客户相信项目将会有一个好的质量保证。

2.2.2 如何制订项目计划

大家不要忽视项目计划的作用和价值，不管项目实际执行时的变化怎样，计划有没有人看，作为项目经理，你都需要它。那么项目计划要怎样产生呢？首先，制订项目计划是项目经理的工作，是项目启动后的第一份重要工作。项目经理需要从范围、质量、时间、成本、干系人、沟通、采购、人力资源等方面逐一考虑在整个项目过程中如何在各方面建立目标和约束，以及如何、何时投入多少资源来满足各方面的需求，以及所做这一切的背后可能面临的风险，等等。PMP要求在项目管理十大知识领域中的每一个领域都要有一个独立的管理子计划，通常是Word文档形式，然后再将所有子计划整合为一个完整的项目管理计划。但实际工作中由于软件项目普遍时间紧节奏快，很少有项目会留给项目经理大量的时间来编制全面的项目计划，所以通常IT行业中项目经理会将项目计划以更精简的形式表达，大致能体现出以下几点：

（1）为完成项目一共需要做哪些事情，共有多少个工作包。

（2）每个工作包由谁负责完成。

（3）每个工作包在什么时间段内完成。

（4）每个工作包之间的依赖关系。

这个精简的项目计划通常会以WBS分解后的工作包为基础，其非常常见的表现形式是甘特图。

甘特图又叫横道图、条状图（Bar Chart），是在第一次世界大战时期由Henry·L·Gantt先生发明并以其名字命名，是一个完整地用条形图表示进度的标志系统。甘特图内在思想简单，即以图示的方式通过活动列表和时间刻度形象地表示出任何特定项目的活动顺序与持续时间。它基本是一条线条图，横轴表示时间，纵轴表示活动（工作包），线条表示在整个期间计划和实际活动的完成情况。它直观地表明任务计划在什么时候进行，以及实际进展与计划要求的对比。管理者由此可以便利地弄清一项任务（工作包）还剩下哪些工作要做，并可评估工作进度。

如图2-2所示，甘特图以简洁的形式表现出了"谁在什么时间完成哪些工作"这样的核心内容。

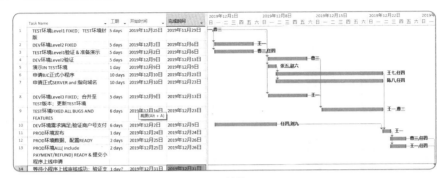

图2-2 甘特图

绘制甘特图的工具有很多，例如Microsoft Project、Microsoft Office Excel、Teambition、禅道等。

职场中关于软件工具的使用有两个极端的观点：一种是狂热的软件追捧者，为了画出一张图，喜欢挖掘不同的新工具，并且乐此不疲地比较每个工具的差异优劣和各种小细节；另一种则截然相反，认为所有的图表都是为项目服务，用什么软件并不重要，甚至在纸上手绘也未尝不可。笔者60%赞同后者，但同时也认为不应放弃现代工具软件的发达带给我们的便利，对于工具的使用建议大家不要极端，适用就好。

精简的项目计划通常以甘特图形式体现，至少包括的要素有：任务描述、责任人、时间、任务的依赖关系。只要满足了这几项信息的展现，就是一个具备了核心功能的项目计划。

甘特图虽然体现了项目的范围、成本、时间、人力资源四个方面的信息，却不能体现项目质量方面的信息。但这并不影响它作为精简的项目计划的功能性和可参考性。

项目计划产生后，在应用前要获得关键干系人的确认。

（1）要与客户确认WBS工作包是完整的，完成这些工作包即可视为项目结束。

（2）与团队成员及各工作包的负责人确认工作包的归属和定义。

（3）与工作包的负责人确认工作包的开始时间、完成时间和各自的依赖关系。

（4）将以上确认后的项目计划再次寻求客户和领导的最终确认。

（5）将项目计划通知所有项目干系人，项目计划归档。

进入执行阶段后项目经理要定期地根据实际项目进展来更新项目计划，或采取手段来促使实际进展符合计划预期。当实际进展无法符合预期时，就要向CCB发起变更请求，修改计划。待请求通过CCB的审批后更新计划，记录并通知所有干系人。更新后的计划将作为新的基线继续作为项目执行的参照物指导项目推进。可见项目计划并不是一次性的、项目初期才需要的，而是在项目初期建立，贯穿整个项目过程的。很少有项目计划从制定完成到项目结束中间没有变化，这种情况说明项目经理的计划能力很强，对项目的预判能力很强，在早期对项目的理解深刻，了解很全面。但没有变化的计划过于理想化，实际工作中也极少出现。

不要因为忌惮变化而弱化计划，变化是正常的，只要我们管理好变化，计划的更新也是正常的。项目计划是项目管理的基础，是带领项目走向成功的蓝图，实际工作中项目计划可繁可简，但不能没有。甘特图是项目计划最精简的一种表现形式，建议大家熟悉掌握。

2.3 建设类项目和研究类项目

通常我们讨论的99%的项目都指的是建设类项目，比如软件建设项目、建筑开发项目等。这类项目有一个共同特点，那就是核心技术是已知的，所谓的项目目标就是利用已知的技术，通过累加量化的工作来完成建设目标。直白地说就是怎么做是知道的，只需要通过项目来规划做多少、什么时间由谁做而已。所以通常建设类项目的工作量和工时是可以准确地评估计算的，只要确定了项目的范围，那么在已知范围内，利用已知技术，需要花多少时间和资源就可以很容易地计算出来。主流的项目管理方法论都适用于建设类项目。

什么是研究类项目呢？是指项目的核心技术未知，要根据已知的条件去探索未知的结果。这类项目通常是科研项目，项目目标只是一个方向，不可量化。

举个例子，如果把新冠疫苗的研发当作一个项目，那么这就是一个研究类项目。它的实现手段未知，会耗时多久未知，需要的资源未知，在早期所有的数据都是根据经验（类似疫苗研发）和病毒特征来推测，项目目标也很难量化。假设项目目标被设定为"疫苗效果需要对95%的人群有效"，那么当科研团队研发出94%有效率的疫苗，可以立刻投产，而95%有效率的疫苗还需要未知的时间，那如何界定这个项目是否成功就比较尴尬了。严格来讲94%有效率并没有达到95%有效率的目标，所以项目应该是失败的。但现实情况是，市场和国家急需这个哪怕只有94%有效率的疫苗，即使没达到量化的目标，但已经达到了社会的基本初衷和期望。

可见用量化的目标来衡量研究类项目的成败是不现实的，研究类的项目很难有量化的目标，它无法利用已知的技术完全实现需求，通常需求只会是一个方向，或是一个标志性的成果，但不会是量化的标准的。

再比如神舟飞船发射，通常无法在立项时就要求它保证在哪年哪天的哪个时间点要升空成功，因为它是科学研究性质的项目，有未知和需要实验的领域，并不是像盖一栋楼房那样可以计算工期。比较现实可行的是国家提出宏观期望，给予技术团队适当的压力，然后根据技术进展逐步调整发射的时间来一点一点地缩小并明确目标。

所以研究类项目的目标难以量化，更不可能在立项时就量化，因为有未知技术的存在，很多数据无法在早期准确评估。

相比于建设类项目"技术已知"的特点，研究类项目的特点是技术方面存在大量的未知领域需要研究和探索。目前流行的项目管理方法论基本上都针对的是建设类项目，对于研究类项目虽然也可以用现代项目管理方法去管理，但主要是在项目的整合管理、沟通管理和人力资源管理等方面发挥作用。

这两类项目的最大差异，从项目管理的角度看，其实就是范围和工期能否被准确估算。建设类项目因为技术已知，所以可以根据不同的资源情况估算工期；而研究类项目因为包含未知技术，甚至有时需要研究新技术，所以不论投入多少资源，都不能准确地估算出达到目标所需要的工期。可能有人会说，PMP项目管理方法中，在任务工时估算不明确时，也提供了粗略的估算方法，比如类比估算、参数估算、三点估算法等。没错，这些方法可以在建设类项目中去估算一些难以评估的工作包的工时，但它们只可以估算一部分特殊的未知工作包，如果一个项目WBS中所有工作包都需要用类比方法来粗略估算，那所有的评估结果加在一起将非常不准确，完全没有可参考性。那么类比估算法到底有没有用？在什么时候适用？说到底这其实是一个未知工作的比例问题。项目中小部分难以评估的工作包可以利用类比估算等方法去粗评，对整体估算的精确度不会有大的影响。但如果大部分的工作包未知，则建议转变一下思路，不要生搬硬套方法和公式，要么继续分解工作包，要么思考一下难以评估的原因是什么？工作包里是不是包含一些技术未知的研究类的工作？

我们为什么要讨论职场中并不常见的研究类项目的概念呢？因为它可以解释我们接触的建设类项目中遇到的工期难以评估的问题。有些工作包难以评估，是因为需求分解不充分，继续分解需求就可以解决，而有些工作包的不可评估并不是需求的未知导致的，是由于技术的未知导致的。

例如，项目经理要求开发工程师评估某个任务的工时，工程师因为一些技术问题难以确定导致短时间内给不出来，或者给出的结果最乐观和最悲观的差异非常大。那么这个时候，这个任务对于这个工程师来说，就不再是个建设类的任务了。这个任务需要的技术和知识有一部分超出了这个工程师的了解范围，他需要更多的信息，或者学习和掌握未知领域的知识，或者进行一些技术试验，才可以评估这个任务，所以对他来讲这是一个研究类的任务。但通常碍于沟通的环境，技术人员不愿意直接坦白他的处境，以避免招致别人对自己能力的质疑。这种情况就容易造成项目经理和技术人员之间的误解：项目经理会认为技术人员不够支持他的工作，或能力不足；而技术人员会认为项目经理不理解需求背后的技术要求有多么复杂。

项目经理在面对难以评估工时和成本的工作包时，除了PMP告诉我们的应从需求方面继续分解工作包以外，也可能需要进一步地从技术方面进行分解。此时如果项目经理能意识到这个任务具有的研究类的性质，可能会大大减轻沟通的误会和冲突。回到刚才的例子中，得不到技术人员的评估结果，项目经理可能会升级问题，把难以评估的任务向上寻求更高级的技术人员或者是技术领导的帮助。对更高级的技术人员来说，这个任务要么清楚怎样做，对他来说是一个建设类任务，要么这个任务他仍然不清楚核心方法，对他来说也是一个研究类任务，处理不了，需要继续升级。可见一个任务是否属于研究类的性质，对于不同的技术人员来说，是相对的。

抛出研究类项目的概念，并不是它有多么特殊或先进，而是因为这是一个容易被IT项目经理忽视的概念。我们经常会在建设类项目过程中，产生一些执拗的低级失误，忽略了任务有可能存在的研究类的性质，而用建设类任务的认知去固执地评估未知的工作，当遇到评估不准确或无法评估的任务时就怀疑技术人员的工作态度和能力，这其实是不对的。我们能理解载人飞船项目或火星移民计划是研究类的项目，有大量的未知技术需要探索和验证，但为什么不能理解日常的IT项目中也会存在未知的研究性质的任务呢？前面已经说了，一个任务是否具有研究类的性质，取决于面对它的工程师是什么水平。同样一个工作包，一名高级技术人员可以准确地评估它，而中级技术人员可能就无法评估，这是很正常的现象。再简单的任务，也难免会有搞不定它的工程师。

项目经理如果能把那些不需要进一步分解需求，但仍然不易评估的任务联系到研究类的特性来看待，就可以化解很多现实中项目经理与技术人员之间的沟通误会，解除项目经理和技术人员之间的信任危机。

建设类项目中因为参与的人员水平不同，难免会有一些对高水平人员来说不复杂但对低水平人员来说需要花时间研究的任务，而多数沟通能力不强的技术人员不愿意表达这一点，作为项目经理应理性客观地认识到这种现象的合理性，从更高的维度来看待问题。对于项目中难以评估工期或成本的任务，需要项目经理：

（1）从需求方面尝试继续分解。

（2）从技术方面尝试继续分解。

　　① 耐心等待当前技术人员的研究成果，每日跟进。

　　② 申请更高级的技术资源来评估。

可见不易评估的工作包不仅需要从需求方面继续分解，项目经理也应有意识地为技术方面的继续分解提供耐心和支持。本章我们并不是想讨论研究类项目应该怎样管理,事实上我们在职场中几乎接触不到真正的科研类项目,这类项目中的技术骨干要远比项目经理对项目的价值和影响更大。笔者提出这两个概念是为了提醒项目经理,即便在我们日常的建设类项目中也难免会有未知领域和难以评估的部分,项目经理应以更宽、更高的视角来看待项目中的这些不确定性。

2.4 企业和组织对项目管理的影响

项目经理作为一个职业,是服务于企业的管理型岗位。不同的企业和组织对项目经理这个岗位有着不同的定位和期望,比如传统的To-B软件公司,主营业务是软件系统的定制化开发交付,公司对于项目经理的定位和期望会比较高,因为公司的盈利主要依赖项目的顺利交付,而保障项目交付的最关键角色就是项目经理。所以传统的To-B软件公司中的项目经理普遍能直接对话管理层,是能力全面的复合型人才且具备大量的IT和行业知识、经验,是基层员工职场发展的目标。通常公司会给予项目经理相当大的权限和信任,当然项目经理也担负了项目成败的最大责任。这种环境几乎100%的属于我们前面讲的强矩阵架构。

而在更加注重产品化的互联网公司,项目经理更接近项目协调员或沟通专员这样的角色,因为更高的定位和专业要求被赋予在了职能部门上,项目经理在工作中更多是梳理需求、寻找资源、跟踪进展、沟通汇报等非核心技术的工作,这样的工作内容无疑降低了项目经理的入门门槛和在组织里的定位,使得纯管理型的项目管理人员可以大量上岗,让互联网和SaaS软件公司大量并行项目成为可能。此时的项目经理在公司内部会得到产品经理和职能经理的支持,在产品基线之上完成对不同外部客户的项目交付。这种环境基本是前面讲的弱矩阵或平衡(复合)矩阵架构。

作为一名项目经理,当你入职一家企业之前,有必要搞清楚企业的性质、组织架构和你的汇报关系,因为这些因素对项目经理的工作内容和考核标准会有非常大的影响。如果你是一名技术经验丰富的强矩阵架构环境中的项目经理,那么面对互联网或SaaS软件公司的项目经理岗位则有点大材小用,不妨向PMO或项目总监的岗位进行尝试。如果你缺乏IT专业背景但是通过了PMP认证,在互联网或SaaS软件公司工作了一段时间,经常发现技术团队根本不听你的指挥，想转型到强矩阵架构环境中做一名强势的项目经理，那么则需要提前在IT技术和行业知识方面下足功夫。

虽然岗位的名称都是项目经理，但在不同环境中，不同公司对它的定位和期望可能相差十万八千里。项目经理在一些公司里是老大，而在另一些公司里只是高级助理或沟通协调专员。

除了强、弱矩阵的区别，在应用瀑布和敏捷之间，项目经理也需要根据企业环境去做选择，并不是每家企业或团队都能胜任敏捷方法的要求，除了团队成员、领导以外还取决于关键的客户。这些事业环境因素都对项目决策有着至关重要的影响。不要为了敏捷而敏捷，也不要因为保守而放弃敏捷的机会，毕竟在软件领域它是更先进的开发理念。合理地评估你所在的组织环境，理性地选择应用技术和管理方法。

另外在职场中，公司的组织架构决定了谁是你的资源竞争对手和谁与你是利益共同体。当你作为项目经理工作在弱矩阵或平衡（复合）矩阵架构中，你与职能经理和产品经理的关系将变得非常微妙。怎样更大程度地把职能经理与产品经理的利益和你的项目利益绑定到一起，当项目缺乏职能部门的支持时怎样得体地把实际困难表达给领导层，是非常考验项目经理的智商和情商的，而这些都需要你对公司组织架构的了解和对干系人关系的全面分析。

项目经理作为一个管理岗，需要向谁汇报？谁来管理你？同你一样级别的项目经理还有多少人？你们是个多大的团队？是否有PMO的存在？你是否是PMO的一员？这些都会间接地反映出项目经理在公司里的定位和工作中可能面临的困难。尤其是PMO，并不是所有公司都会设立这个组织，但对于项目经理来说，PMO是与自己工作关系最紧密的一个角色，PMO有或没有，自己是否是其中的一员，都会影响到项目经理的决策和管理风格。当你身处在PMO中，除了对项目负责以外，还需要从更高的层面考虑项目交付及团队整体的利益，比如建立规范的项目流程制度，在关键节点上约定必要的产出物供团队审核并存档，推动解决其他项目经理工作中的问题和困扰，等等。而当你不是PMO的一员，要时刻留意PMO给出的各种文件和知识分享，这些很可能是来自真实的项目工作中的代价极高的经验沉淀；在遇到超出了自己责权范围外的困难时，在请示更高层领导之前，首先应在PMO框架内进行通报和讨论。所以项目经理与PMO

的关系、PMO的成员组成也是关键的事业环境因素，需要项目经理重点关注。

另外团队中是否设立产品经理岗？他的定位和工作边界是怎样的？公司希望项目经理如何与其进行合作？公司在项目交付过程中是处于甲方还是乙方或是丙方？是否还有第三方或第四方的存在？项目中对未知领域的研究占比怎样？公司对项目计划的质量和管理粒度如何要求？等等。这些构成了项目经理复杂的职场工作环境，这些因素中机会与威胁并存，作为项目经理更要了解所处的环境。

在不同的时期，公司所面临的交付压力不同，相应地对项目经理的要求和侧重的能力方面也会随之变化。比如当其他并行的项目因为合同纠纷迟迟不能验收，那么项目经理或PMO应重点审核履约中的所有项目合同，并指示项目经理分别在各自项目内检查范围边界和验收标准，将潜在的问题在早期主动解决。这是事业环境因素对项目的一个比较常见的动态影响，项目经理应具备足够的敏感度来感知环境的变化和潜在的风险。

公司并行中的所有项目，其实从高层的管理角度看是有着不同的战略性优先级排序的，认识到这一点，我们可以从更高的角度出发来解决问题。比如当开发团队的资源池紧张，人员的紧缺已经不足以支持项目计划的执行，项目经理之间出现私下抢人的现象，此时应升级问题，把项目间的资源冲突上升到项目间的战略优先级排序上，要求管理层或PMO做出决策，来确定资源的投入顺序和倾向。这样对于竞争失败的项目经理来说，可以及早地有理有据地变更项目计划，将自己的责任和项目风险降到最低。

所以事业环境因素对于项目经理的工作来说非常重要，在低头干活的同时也要抬头看路。项目经理工作的方向不仅限于项目内部和外部，还包括了上部和斜上部，是360度的工作范围，向上管理也是非常重要的一个方向。

除了资源竞争，在处理日常的项目变更时，项目经理的工作也会受到组织环境的极大影响。比如CCB接受变更请求的粒度，CCB的成员组成，这些都和项目在组织里的定位以及项目规模、管理层和PMO的管理偏好有关，不是项目经理一人能决定的。当项目中一个很小的变更发生，要不要经由CCB的变更控制流程来审批，这种具体的决策在PMP课程里是不会讲的。理论上所有的变更都要走CCB流程，但这取决于实际工作中CCB的工作范畴、接受变更请求的粒度和CCB的成员以及职级，每个公司和组织对其定义都不一样。比如用户要求修改软件中某页面的布局，这会造成0.5人/天的额外成本，而这个成本在项目Buffer中完全可以消化，通常项目经理会在项目团队内部处理这种小的变更而不通知CCB。但是，如果变更的背后有这样的信息：如果你的CCB里有CEO，如果你 的项目是公司战略优先级最高的一个，如果这个项目已经完成并拖了很久不能 验收，如果CEO正在更高层面与客户交涉验收的事情，那么此时项目经理面对变更选择内部消化，则是极大的错误。

可见很多事情的决策都受环境因素的影响，不考虑环境因素的决策，极有可能就是错误的。组织对某一个项目重视，这个项目就可以排除资源冲突的风险；组织对某一个项目不重视，项目经理就要花更多的精力在资源日历的监控和项目进展的细节汇报上，以便发生问题时第一时间可以抛出问题，明确责任。

企业的性质、所服务的行业、组织对项目经理的定位和期望、项目经理在组织架构中的位置、项目的战略优先级、PMO的组成和定位，都会对项目管理工作产生莫大的影响，我们在牢固掌握项目管理方法服务于项目边界内的同时，也要留意来自于项目边界外的影响。事业环境因素对项目管理工作的影响无处不在。

2.5 项目经理的责、权、利

通常项目经理们都会有一个理想化的观念，那就是工作中的责、权、利应该是平衡的。一般从责、权、利这三个方面我们可以定义出项目经理的工作范围，也可以体现出公司对项目经理这个岗位的定义和期望，但事实是几乎所有公司都做不到对项目经理岗位的责、权、利的绝对平衡。除了强矩阵架构中的项目经理对项目工作承担主要责任，行使主要权利，收获主要奖励，很难有其他环境能达到理想的平衡状态。虽然几乎每个公司和组织对项目经理的期望和定位都不一样，有强矩阵和弱矩阵之分，但在这一点上大多数企业基本是一致的。

项目经理的责任，首要的就是项目交付，对项目过程管理和项目目标的达成负责。其次是团队建设、信息分享和沟通汇报。

项目经理的权利，主要是为项目目标的达成而申请、协调、使用项目资源和项目管理过程中的日常决策。强矩阵架构的项目经理还会有一定的人事权和财务权。

项目经理的利益，在强矩阵架构环境中随着项目的成功交付，作为项目的第一负责人，项目经理一般会有浮动的项目奖励。而在其余矩阵架构环境中这种奖励是不明确的，因为非强矩阵的环境中能促成项目成功的第一关键人不一定是项目经理，有可能是团队中关键资源的提供方，如强大的职能部门或产品部门。虽然项目失败的第一责任人是项目经理，但非强矩阵架构环境中的项目成功被更多人认为是源于团队的成功。

在这三个方面中，项目经理的责任通常是固定的、明确的，也是普遍的共识，那就是直接对项目的成败负责。项目经理的利益有被动的浮动空间，项目经理自己本身是难以左右的，主要是服从企业和组织的分配。那么唯一可以由项目经理主动争取且灵活多变的，就是权利。

在强矩阵架构环境中，项目经理的责、权、利都是最大化的，不需过多的干预平衡。而在弱矩阵或平衡（复合）矩阵架构环境中，可以说争权是项目管理过程中项目经理始终在做的一件事。本章将主要介绍在非强矩阵架构环境中，项目经理应在何时以及如何突破权限的边界，主动地平衡责、权、利之间的关系。

互联网或SaaS软件公司中比较常见的场景是，虽然项目经理作为项目交付的第一责任人，但项目团队中却没有向项目经理实线汇报的成员。项目组成员的实线汇报对象通常是各自所属职能部门的职能经理（如开发经理、测试经理等），而项目经理仅仅是项目组成员在这个项目中临时的虚线汇报对象，仅仅是在项目边界内的一种协作关系。这种协作关系而非隶属关系决定了项目经理在申请资源、调用人员时的弱势，相信很多项目经理对此都深有感触。好不容易要到人，这人却身兼多个项目，要么客观上精力投入有限，要么主观上不重视自己的项目，要么能力不足。自己好不容易要到的人，退也不是，换也不是，哑巴吃黄连，有苦说不出。这种情况是大部分的互联网或SaaS软件公司项目经理的真实写照。

首先这种情况，根据前章的内容可知，是项目经理所选择的企业的性质和组织架构决定的，并不是公司单给某一个人出的难题。这种非强矩阵架构环境中的项目经理就是会有这样的困难需要面对，抱怨领导或辞职并不能解决问题，因为整个行业都是这样，除非你愿意跳出这个环境，加入到强矩阵架构的To-B软件企业中。如果你的IT专业技术背景不足，也可以如之前章节介绍，专注需求和产品，转型做业务小能手。如果技术和业务这两个方向都难以精进，那么就要做好在这样的环境中"斗争"下去的准备。

项目经理的责任和利益相对固定比较被动，要想在弱矩阵或平衡（复合）矩阵架构环境中把项目带向成功，只能依靠扎实的项目管理知识和较高的处事情商，在不同的情况下争取不同的临时权力。有时争权并不是目的，在权力不足的情况下，通过争权来暴露问题和明确责任才是真正的目的。在权力受限的环境中项目经理要常态化地主动争权，不能只被动地等待授权。这里介绍一下对非强矩阵架构中的项目经理来说非常重要的两项权利：

首先是合同审核权。当一个项目签订完了合同，进入到执行阶段，项目经理接手时发现，SOW非常宽泛，验收标准也含糊不清，并且严格限制了工期和成本，可以说一眼望去这就是一个大概率失败的项目。此时的项目经理反馈、抱怨、预警已经意义不大了，只能硬着头皮压着情绪被动地接受任命。

事实上在互联网或SaaS软件企业，销售为了拿单，在售前和POC（Proof Of Concept，软件功能验证。通常是企业招标前后，针对产品或供应商能力进行的验证工作）阶段或多或少地都会对客户做出一些过度的承诺，这些承诺对拿下订单通常是有利的，但是对项目交付来说是非常具有风险的，对项目的执行和验收非常不利。但很多公司迫于销售压力，不得不在售前阶段夸大自己的产品能力。此时的项目经理如果被动接受这样的局面，无疑是将自己的命运和这个过度承诺的项目绑到了一起。此时的抱怨越多，负面声音越大，最终当项目失败时，大家越会认为你的原因和责任最大。对于这种救火的场面，项目经理能够依靠个人能力力挽狂澜将项目顺利交付当然是最好的结果，但这并不可控，即便职场中有这样的先例，也很难复制。此时项目经理最重要的不是救火的能力，而是防火的思维。当项目经理意识到公司内有这样的问题存在，不管这是不是你的项目，都应与PMO或上级领导沟通，虽然不可能短时间内根除销售和售前的问题，但可以要求在签订合同时，由负责落地的项目经理提前介入并审核合同。事实上这是一个非常关键的动作，如果最终负责项目交付验收的人（项目经理）不能确定交付的内容是什么，以什么方式验收，那项目的头和尾就是断开的，开头就注定了结局很难成功。

签订合同通常意味着商务立项，这个动作不能仅由销售和售前人员完成，他们覆盖不了项目的全生命周期。所以此时聪明的项目经理应该争权，争取项目合同的审核权。这个权是为了保障项目最终交付的成功，PMO和管理层大概率都会赞同。

另外就是人事权。当你好不容易争取到一个技术专家到你的项目组中，来解决很久都没解决的一个技术问题，而这个专家因为身上同时进行着多个项目的任务，对你的项目不够重视，断定是客户方的网络环境导致的问题，并非是公司产品的问题，但是客户方的技术人员已经排除了这种说法。你的专家坚持自己的推断，并且因为任务繁重不愿意与对方技术人员直接对话，一切信息都要求通过项目经理转达，导致沟通成本极高。从客户方高层来看，已花费了太久时间没有解决问题，客户已经提出抗议。此时的你有三种选择，如表2-1所示。

表2-1　面对问题时的三种选择

序　号	可　选　项	可能导致的风险
A	升级问题，申请更高级或更多的专家参与	更高级或更多的专家得出的结论一样，同样不肯与对方技术人员对话，都要项目经理中转，问题仍没解决
B	请专家重视，投入更多精力重新分析问题	同上
C	向职能经理投诉该专家	人际关系危机，项目将无人可用

可见A或B都不一定能最终解决问题，C也并不可取。这种问题的关键点在于，专家的利益和绩效与你的项目成败是一种弱相关的关系。你没有足够的权限要求他与对方技术人员对话，也没有权限把他指定为解决问题的负责人。其实就是你指挥不动他，他也不怕你，他知道负责解决问题的是你而不是他，他只是在帮你。

从专家的角度看：

（1）不出面接触客户，自己就接收不到来自客户的投诉，出什么事都是项目经理负责，相反参与多了才危险。

（2）项目就算失败，第一责任人是项目经理，与自己无关。

基于这两点，专家做完自己的本职工作就可以了，根本不会对问题的结果负责。这个例子可能极端了一些，但却是很常见的真实案例，是非强矩阵架构中因为项目经理人事权的缺失而导致的团队内部典型的踢皮球现象。作为项目经理要分析形成问题的要点并一一击破。

首先应将客户面前这个迟迟没解决的问题升级，请示领导将它项目化，成为你的项目里的一个子项目，并明确专家作为其责任人。然后向客户引荐介绍子项目责任人，并要求专家出面与对方的技术人员直接对话，项目经理与该专家一起，同客户建立起管理和技术两级的沟通渠道。

做这一切的目的，就是为了营造一种事实氛围：这个技术问题如果解决不了，那就是技术专家的失职。事实上，案例中正是因为这个事实氛围和这种利害关系的缺失，才导致技术问题迟迟得不到解决。这个事实氛围如果建立起来，相信在专家的全力投入下，问题很快会被解决。即便问题超出了专家的能力范围，专家因为这个事实氛围和利害关系的存在，也会想办法请求项目经理帮助自己申请更高级资源来解决问题，此时局势就完全不一样了，并不是他在帮你，而是你在帮他。技术问题由技术人员负责推动，是解决问题的首要前提。所谓的项目经理对一切负责，是指在更高的层面对上对外的姿态，但在具体层面，项目经理并不能负责一切，如果团队成员拿"项目经理负责一切"这个说法当作自己的挡箭牌，就要明确地为他划出责任范围，而只有项目经理得到了公司领导的支持和掌握一定的人事权，成员才有可能接受这个原本就属于他的责任范围。

虽然项目经理的以上行动或诉求超出了弱矩阵或平衡（复合）矩阵架构给项目经理定义的权限范围，虽然这种架构中的项目经理在所有人眼里都只是个协调员、传声筒、背锅侠，但是这一切的约束和项目失败相比，又算得了什么？有太多非强矩阵架构的项目，因为项目经理人事权的缺失而导致项目执行力低下直至失败。所以不管你超越了什么，触动了谁的利益，让谁担了他不想担的责任，如果做这些就能防止项目失败，如果不做这些项目就一定失败，那么就不要顾忌得罪了谁的利益，超越它们是项目经理应该做的。

例中的项目经理对技术专家形成不了有效驱动的根源是项目经理只有资源的使用权，没有真正的人事权，能评价专家工作绩效的是他的职能经理而非项目经理，专家没有义务对项目成败负责，所以很难评价他的项目工作是负责任还是不负责任，真正能推动他认真工作的主要是职业道德和心情。这虽然是弱矩阵或平衡（复合）矩阵架构的通病，但如果企业没有措施去应对这个通病，这也是企业项目管理制度建设的失败。

项目经理的人事权平常可以没有，但如果在某些情况下，没有人事权就会导致问题无法解决，项目就会失败，那么就要明确地争取人事权。此时的项目经理如果不争权，不抗争，将会陷入极大的被动中，会不知不觉地成为项目失败的主要原因。因为从客户的角度看，是项目经理没有协调到能解决问题的资源。

非强矩阵架构环境中，项目经理可谓是夹缝中求生，因为团队成员真正的汇报关系并不在项目经理身上，能决定他们的奖金和职业发展的关键人物其实是职能经理。这种架构对项目经理的心理和精神都是极大的考验。有时在解决问题的过程中可能会超越原本公司赋予的权力范围，但为了项目成功和职场的生存，项目经理有必要主动拓展自己的权力范围。

以上案例中项目经理对权限的争取，不管在实际职场中能不能得到PMO或领导层的支持，但作为一道项目管理的理论题，主动争权是理论上的唯一解。争权是一个手段，前提是要能清晰透彻地找到问题的关键，才能解决问题。权力不是越大越好，当需要它但它不够且只有它才能解决问题时，争权才有意义。

在不同的项目阶段，项目经理可能会遇到不同的问题，踩到不同的坑。当你身处非强矩阵架构环境中，如何利用有限的权力去完成项目，除了在权力范围内应用管理方法和技巧，也应勇敢地对权力边界说不，努力地改变权力边界除了能解决项目问题以外，也会帮助项目经理树立起个人的专业性和权威。管理方法和理论是死的，是为活的事物服务的，不论是强矩阵还是弱矩阵，都只是管理架构的一种常规形态，当你遇到了非常规的问题，需要跳出这个形态才能解决的话，那么大胆地跳就好了。敢于突破、灵活应变也是项目经理的重要能力。

在非强矩阵架构中，项目经理的责、权、利通常是不平等的。责比较固定和明确，利很被动不受控，权通常不会很大且受限。这三要素当中只有权是项目经理可以主动改变的。虽然难，虽然会超越组织对你的定位，但如果关系到项目的成败，超越权限约束也没什么不可，因为带领项目成功才是项目经理的唯一且最大的责任，这一点无法改变。不管处于什么样的矩阵架构环境，当某些问题只有突破权限才能解决，项目才能成功，那就一定要去突破。职场中的责、权、利通常不会自然地处于平衡，而是需要项目经理在项目过程中不断地调整、碰撞，借助一个个问题的解决来突破限制，动态平衡。

2.6 CCB的重要性

我们会发现PMP理论体系中非常多地提及了CCB（Change Control Board，变更控制委员会）这个组织，但现实职场中却不一定每个项目都会有明确的CCB存在，它的作用究竟是怎样的？其实不论项目里是否有CCB的显式存在，它都在默默地工作，只不过有时候CCB里只有少数人而不是一群人，或者当项目变更发生时，项目经理私下征求了相关干系人的意见后自己一人对外做出了决策，所以导致了书本理论中CCB非常关键且热门，是常考的知识点，但实际项目中却好像并没有那么强的存在感。

CCB的主要价值是审批项目过程中来自各方面的变更请求，包括但不限于进度变更、范围（需求）变更、成本变更等请求。当项目某些方面的实际情况超出了计划设定，并且项目组无法通过自身能力纠正产生的偏差，变更发起人就应及时量化这个偏差来向CCB发起项目的变更请求，修改项目计划。

当CCB接收到变更请求，需要根据请求的实际情况由集体评估并决策是否通过请求，然后给到申请人一个明确的答复。如果请求通过，需要项目经理将变更记录在案、更新项目计划、通知所有干系人，然后实施变更。如果请求不通过，也应将请求记录在案、通知所有干系人，同时继续在不修改项目计划的情况下纠正项目实际与计划的偏差。

我们都知道项目过程中的变更是不可避免的，谁也做不出一个100%不产生变化的项目计划，客户（甲方）也不可能在项目早期就提供出全部准确的需求，但不可避免的变化不应成为随意发起变更请求的理由。项目经理在理解变化不可避免的基础上，仍要尽力减少变更的发生，努力提高项目计划和需求的质量。

为什么很多项目中看不到CCB的存在呢？主要原因是敏捷的流行，让项目能够拥抱变化，项目不再需要用被动的手段来控制变更；其次是客户（甲方）通常不喜欢被乙方的项目管理制度所限制，有经验的甲方项目经理很清楚项目的变更控制对自己的影响，当乙方的项目经理在项目初期提出设立CCB，其实是想在项目过程中对计划外的变更（主要来自甲方）实施约束，这个动作通常会让甲方干系人产生一些抵触情绪，甚至是不满，并会因此在项目早期就降低彼此的信任度，或间接地制造对抗情绪。作为乙方项目经理自然不愿意过早的因为一个组织或流程制度而得罪客户，所以显式存在CCB的项目在互联网或SaaS软件领域并不多见。但一些面向政府或央企的信息化建设项目，通常会有更高的合规要求，普遍需要监理方参与，而应监理的要求会在项目早期明确CCB的成员和变更审批流程。

其实不管CCB显式上是否存在，只要项目经理有明确的边界意识和范围管理意识，它都是在工作的。CCB并不仅是一个组织那么简单，它的存在形式也不重要，关键是项目经理对变更控制的理解和采取的控制手段。

多数时候CCB因为没有显式地确立，也就无法邀请甲方参与，少了甲乙双方集体决策的过程，变成了乙方单方面地控制变更。比如客户出于某种外部原因希望项目提前上线，在口头与乙方项目经理沟通的同时，实际上已经直接向乙方发起了变更请求。此时的乙方项目经理要么有能力有权限决定变更是否被接受，要么需要与团队成员或领导进一步确认。可见在处理不同的变更时，CCB可大可小。面对小范围的变更，CCB可能只包含项目经理一人就足够了；面对大范围的变更，项目经理可能会视情况将CCB扩大到所有需要到的干系人角色，来灵活处理不同变更的评估。现实中这一特点与PMP介绍的CCB稍有不同。PMP定义的CCB通常指的是在立项之初设定的相对固定角色的组织，专门来处理项目过程中所有的变更请求。而实际项目中更合理的其实是视每次变更请求的影响的范围不同，而由项目经理灵活决定CCB成员的组成。这种灵活组成的CCB更适用于快节奏的现代软件项目。不管是理论上固定成员的CCB还是实际项目中随机应变的CCB，不管是一个人决策的CCB还是甲乙双方干系人一同组成的CCB，不管它是显式存在的还是不存在的，只要项目经理具备范围管理的意识和能力，针对每一次变更请求都能想到多角度的评审和记录，它就在以固有的方式工作着。

回到前面的例子，看似甲方项目经理绕过了CCB直接向乙方项目经理提出了变更请求，但其实只要变更没有直接实施，只要在实施之前还有评估动作，CCB事实上就已经在工作了，所有参与变更请求评估的人都是CCB的一员。假设乙方项目经理没有邀请任何干系人来评估变更请求，自己直接决定批准并实施这个变更，那么CCB还有意义吗？答案是有。CCB是一个机制，是帮助项目经理处理变更的一套规则，只要管理者理解它的用途和必要性，根据情况，有时需要多人参与，有时只需要一人参与，都是合理的。

如果项目经理认为可以跳过CCB自己来决策或者项目经理认识不到CCB的必要性，那么这是项目经理的职业水平的问题，是企业选人用人的问题。项目经理忽略CCB的作用和CCB中只有项目经理一人是两个完全不同的情况。前者是项目经理的失职，后者是项目经理有能力独自评估小范围变更的影响，仍然工作在CCB的框架内，是正常情况，虽然这不被PMP所推荐。

既然不同的变更请求可以由不同的CCB成员来审批，其实完全可以弱化CCB的存在，而由项目经理灵活地在每次变更请求发生时召集不同的人来评估就好了，为什么PMP要强调CCB的定义和存在呢？

原因一　PMP介绍的是理论，作为一个学术组织有必要把管理过程中客观存在的行为或过程介绍出来，至于现实中作为项目经理的你如何成立它，利用它，是由不同的项目情况和每个人的管理风格决定的。

原因二　CCB作为一个理论上合理的存在，可以作为项目经理在处理棘手的变更请求时的一个挡箭牌，一个缓冲个人矛盾的手段，这是CCB更深层的价值所在。PMP强调变更请求控制的重要性，和变更请求控制过程中CCB的重要性，间接也给了项目经理站在理论背后，从更有利的位置来接受或拒绝（主要是拒绝）变更的机会。

比如当项目经理接到一个很小范围的变更请求，他有把握认为这个变更的影响可控，所以一个人批准了请求，直接通知团队成员记录并实施了变更。这种情况既提升了客户满意度，又让变更实施得高效快捷，可谓是两全其美。但如果客户向乙方项目经理提出了一项重大变更请求，项目经理根据经验可以直接断定不应批准，但此时如果由项目经理个人站出来表示拒绝，难免会导致客户的不满,那么此时项目经理可以量化此次变更的影响,将请求提交CCB来审批。虽然审批结果可能与项目经理预料的结果一样是拒绝,但此时将由CCB集体给出审批结果和拒绝的依据,而不再是项目经理的个人行为,可以大大减轻甲方客户对项目经理个人的不满。

其实CCB也不见得只由乙方的干系人组成。PMP介绍的CCB的组成是灵活的,可以有乙方的技术人员、领导、销售,也可以有甲方的关键干系人,如高层领导和业务用户。可见组建CCB不仅仅是乙方的事,视甲方对项目的重视程度,也可以邀请甲方干系人参与。总之CCB是角色多样性的一个组织,并没有严格地规定由谁来组成。与PMO一样,每个企业对同样的组织都有着不同的期望和定位以及人员构成。

不论是立项之初确立好的固定成员的CCB,还是项目经理根据每次变更请求的不同来灵活组织的CCB,都不影响它的作用,即全面地评估变更所影响的范围、产生的代价和项目可以接受的程度,来综合判定是否应该批准变更的实施。

不管是否重视它,是否显式地成立它,只要项目经理有意识地在每次变更请求产生时去评估、去量化,而不是拍脑袋凭感觉决定,那么它就在工作着。不同的是CCB有时是一个人,有时是一群人。CCB是一个好的存在,是项目经理管理变更的一个非常好的手段和依据,需要项目经理深刻理解进而灵活地利用。

其实CCB叫什么名字不重要,成员有谁不重要,项目中有没有显式的存在也不重要,重要的是项目经理在面对变更时要建立起先评估后决定的习惯和思维,要有多角度的全面的评估过程。当项目经理一人无法评估多方面的影响时要及时引入相关干系人一同评估,不同角色的人的参与有助于评估的客观性和全面性。不要因为怕得罪客户而无底限地牺牲项目资源来取悦客户,草率地实施变更,也不要为了保护项目计划而排斥合理的变更。

作为项目经理理解CCB的存在意义,可以把项目的变更控制在可控范围内。而项目的变更目前是困扰很多项目经理和软件企业的头号难题。变更失控,需求蔓延,变更导致的成本超支,拒绝变更导致的客户投诉,等等,每一天都在不同的项目组中上演。为了解决这些问题,CCB固然重要,但更重要的是项目经理对CCB的理解和对变更管理的重视。

CCB通常是由项目经理主导成立的,很少有组织强制项目经理一定要在项目中成立CCB，所以就算CCB再有用，如果项目经理不主导去推动它，那么将不会有其他人推动。不要指望甲方客户会要求建立这个CCB，它并不会直接服务于甲方的利益，恰恰相反它更多时候是对甲方行为的一种约束，甲方一般是不会主动提议组建的。需要控制的变更通常是来自项目组外部的，而外部因素当中最主要的干系人就是甲方（需求方），所以CCB实质上是制衡主要的变更发起人甲方的一个存在，所以一个项目的变更控制是否得当，项目经理的个人能力和对CCB的理解非常关键。当然设立CCB也尽量不要得罪甲方干系人，千万不要表现出针对性的意图，CCB的建立是为了保护项目计划的执行，并不是针对性地为了限制谁，不要因此制造对抗。

除了项目经理，需要CCB在项目中真正发挥作用的，还有一个角色，就是PMO。笔者在从事PMO工作时，曾经为所有项目规划各个关键环节的必要流程和动作，以及每个关键环节必需的产出物，其中就包括在某些特定类型项目的Kick Off Meeting中要求项目经理明确指定CCB的成员和变更审批渠道。所以PMO有时与项目经理一样为了保障项目成功而需要CCB的存在。

PMO会忽略每个项目的不同之处和每个项目经理不同的管理风格因素，而在通用的关键节点提出每个项目在共性方面的一致的要求，会有效地补齐个别项目经理的短板（比如对CCB的理解和运用）。

除了来自组织的被动要求以外，项目经理若能主动地理解CCB，将CCB的机制运用在项目每个变更的控制流程里，相信整个软件行业的项目成功率会有一个很大的提升，毕竟变更控制困扰了太多项目，也搞砸了太多项目。

CCB固然重要，但更重要的是项目经理的边界意识和控制手段。CCB在有些项目中可以在早期明确地建立，在多数项目中也可以由项目经理灵活地组织和运用。既要统一战线，不制造甲乙双方的对抗和不信任，又要控制好项目的边界；既要有理有据地说不，也需要接受合理的变更。控制并不都意味着拒绝，实际项目中很多对项目有消极影响的变更是不可避免的，但在实施了这些不可避免的变更后，项目经理能否让变更发起人建立起"等价意识"来使变更的成本在其他方面得到补偿，这也是变更控制的目的和意义。

一切管理方法和手段都只是工具。CCB在项目管理领域代表的不仅是一个组织，还是变更管理的思想和意识。CCB的存在是对项目计划最有效的保护。

2.7　项目经理的个人品牌和职业生涯

2.7.1　学会接受失败

作为项目经理，其个人品牌和职业生涯的成功，要远大于某一个项目或某一阶段工作的成功。个人品牌是在项目经理交付每个项目的过程中，对每个问题的处理、与每个干系人的交流和管理过程中体现出的职业素养和智慧，来自长时间的工作累积和所有干系人的评价，依靠一两个大项目的成功，或少数关键干系人（比如领导）的评价是不足以形成个人品牌的。纵观一名项目经理的职业生涯，不可能其负责的所有项目都成功，也不可能让项目中的所有干系人都满意。那么在面对一些先天条件劣势明显、大概率失败的项目时，或项目遭遇了一些通过管理手段无法逆转的外部问题时，项目经理如何在工作中表现出应有的职业素养和应变能力，才真正决定了其职业生涯的宽度和个人品牌的高度。

项目经理在主观上应该尽力争取所有经手的项目都成功，但很多时候项目的成败不取决于项目管理的方法和手段是否合理，而是一些来自内外部因素叠加的影响可能从根本上就决定了项目的结果走向。此时项目经理的管理水平已经不再重要，天不时，地不利，即便人和也无济于事。在面对逆境时，项目经理发挥个人能力力挽狂澜将项目带出沼泽，是极好的职业经历，但有时在面对人力不可逆转的困境时，项目经理如果能够优雅地做好该做的动作，理性面对失败，并能客观认识到失败的原因，也不失为一个好的表现。顺境中的项目人人都是功臣，只有逆境中的项目才真正考验项目经理的处世智慧和综合能力。

2.7.2　坚持职业操守

在面对逆境时，锲而不舍地争取项目成功，固然是项目经理应有的表现，但是遇到再难的情况、再渴望成功，也应坚持职业操守。如果为了项目成功采取一些非常规的手段，赢了项目而输了人品，则得不偿失。在国内的IT行业里项目经理的职业生涯相比开发人员要长得多，但对于项目一时的得失成败，很多项目经理会看得过重，毕竟项目的成功是衡量项目经理绩效的第一考核标准，是专业能力最直接的体现，所以很多项目经理容易在工作业绩和职业操守之间习惯性地倾向前者。但工作成绩归成绩，再重要的项目毕竟只是工作，做事只是一时，做人才是一生的主题。职场中的个人品牌并不是仅由项目的成功或失败来体现的，项目交付过程中项目经理表现出的专业能力和人品，面对挫折时积极自信的正能量，与干系人交流时灵活的换位思考能力、同理心，共同成就了项目经理职场中的个人品牌。

项目经理的口碑来自方方面面，不仅需要项目的成功和领导、客户的评价，还需要来自团队成员、供应商、监理、业务用户等所有项目干系人的评价。当你为了项目成功不择手段，在工作中置职业操守于不顾，或做出一些有损人格、违背法律的事情，你所能获得的成功，也仅仅是一个项目客观上的成功，它无法让你的个人品牌增值，也不会让你的职业生涯更宽更远，反而会因为对眼前利益的过度追求而断送更好的机遇。

世间总会有一些事物在规矩之外，管理理论教给人的是如何处理常见的模式化的问题，当你的工作经历越来越多，会遇到很多规则之外的选择。规则有边界，但道德没有边界。在规则之外，要建立个人的道德准则。当你身处逆境，规则之内没有办法让你改变处境时，不如做好一个管理者应做的全部，然后从容地接受失败。

项目的成败从来都不取决于项目经理一个人。项目经理只是项目管理的第一责任人，按顺位还应有第二、第三责任人等，项目经理并不是完全责任人，项目经理只是一个打工人，不要让自己背上不该有的包袱。项目中的逆境时常会有，逆境中更深刻地考验项目经理的管理水平和道德水准。当项目经理发现通过所掌握的管理方法不能再左右项目的成败，其实这是一群人的失败，并不是项目经理一个人的失败。此时的项目经理切忌不择手段，应量力而行；不要推卸责任，应各担其责；不要怨天尤人，要心怀感恩。逆境中更能体现一个人的格局、人品和道德水准，不应为了做事而轻视了做人。

举一个例子，小王作为项目Z的项目经理，在项目顺利进展到执行阶段的后期，接到公司通知，由于项目Z的战略优先级处于公司并行的其他项目之后，领导从公司的整体战略利益考虑，决定将投入项目Z的核心研发人员小张调离项目Z，转而投入到对公司更重要的项目Y。接到通知的小王明白这意味着自己的项目极大的可能将会失败。小王不想接受失败，也不想放弃项目成功后的绩效奖金，转念一想，联系到了项目Z中自己的利益共同体，甲方的项目经理老李，双方都不愿意接受项目Z将面临的人事风险。随即小王怂恿老李，让老李的领导投诉乙方项目组的人事调遣。在甲方高层的投诉下，小王的公司妥协了。虽然项目Z对公司来说不够重要，但项目Z的客户却对公司很重要，公司不希望因为项目Z而错失与客户的后续合作的机会。

在公司还没来得及通知甲方客户并妥善处理项目Z的补救事宜时，就被小王抢先了一步实施了保全自己利益的应对方案，这是公司高层不知情也没有预料到的。此时公司突然接到了客户的投诉，非常被动，但最终还是因为客户的影响力舍弃了项目Y的利益而保全项目Z。小王的行为注定无法瞒天过海，彼时的小王虽然因为公司不想中途换帅而继续领导项目Z，但他的行为已经损害到了公司利益，虽然最终项目Z取得了成功，但小王在项目收尾后第一时间就被公司辞退了。

例中的小王作为一心做事的管理者，如果以项目成败这唯一的客观标准来衡量，无疑是成功的项目经理，巧妙地利用事业环境因素和关键干系人的影响保障了项目的成功。但项目成功的代价是毁掉了自己的职业生涯，为其画上一个重重的污点。小王的表现不仅失去了公司的信任，在项目过后，客户老李和老李的领导也一定会质疑小王的职业操守和人品，就算公司没有惩罚小王，小王在甲方环境中也将寸步难行。如果小王在项目的困境中能够有更大的格局，与公司的战略利益站到一起，主动规划关键人员离开后的补救方案，发挥自己的风险应对和谈判能力，那么不论在管理水平和做人的格局方面，都会展现出一个优秀管理者应有的姿态。即便项目草草收尾，项目经理的个人能力也一样有机会被大家认可。可小王偏偏选择了眼前的小利，放弃了一个职业经理人应有的操守，这样的处事方式，虽然其职业生涯不一定会因此缩短，但以后的路一定不会更宽。

项目的逆境可以考验一个人，对项目经理来说也是绝佳的成长机会。相比一个人的职业生涯来说，一个项目周期其实很短，如果有机会以正常的管理手段争取到项目成功，千万不要放弃机会；但如果规则之内已经无力回天，不妨优雅地做好应尽的补救和收尾工作，直面失败。当你能够坦然接受失败，也许你面对失败的勇气和临危不乱的管理风格已经为你的职业生涯开辟出了新的道路。而当你不择手段地收获了成功，也仅仅是一个项目的客观成功，几周之后就不再有人记得这次成功，而你为此要付出的代价是个人品牌的贬值，影响深远且持久，得不偿失。

除了以上小王的例子，项目中还有很多诸如采购管理中吃回扣、质量管理中私自降低质量标准、买通验收等不道德甚至违法的行为，一样会对项目经理的职业生涯和个人品牌产生很大的影响。项目经理除了要追求项目成功以外，在管理过程中展现出的处世格局和职业操守也共同决定了其职业生涯的长度和宽度。服务于项目依靠的是管理技能，服务于公司、行业和社会依靠的是品性、道德准则和做人的格局。很多事物在规则之外，但却无一不在道德之内，当我们遇到规则之外的难题，不要忘了道德框架的存在。当我们能理性面对项目的成败得失，从容地利用管理方法做好规则之内的事情，个人品牌就已经树立在了所有干系人的眼中。相反如果不择手段追求片刻的成功，一样也会在其他人眼中为你贴上负面的标签。个人品牌和标签影响越来越好时，职业生涯自然是左右逢源，充满机遇。而如果个人品牌充满了自私、贪小利、目光短浅，甚至违法行为，职场中将寸步难行。这些做人的软实力与项目管理的水平和工作技巧无关。管理技巧可以在项目范围内帮助项目经理取得成功，而好的个人品牌可以让项目经理的职业道路走得更宽更远，所能带来的机遇，是一个项目的成功远远比不了的。

2.7.3 职业晋升路线

IT企业中的多数岗位，通常都有各自专业领域的职业发展路线，如表2-2所示。

表2-2 IT岗位的晋升路线

技 术 线	业 务 线	管 理 线
开发工程师 高级开发工程师 架构师 技术经理 技术总监 CTO	运营或市场专员 需求分析师 产品助理 产品经理 产品总监 COO（Chief Operating Officer，首席运营官） or CMO（Chief Marketing Officer，市场总监）	项目助理 项目经理 高级项目经理 PMO 项目总监or大项目（项目集）经理

表2-2是IT行业中几种主要类型的岗位理论上的一个晋升路线，并不能代表实际职场中的情况。实际工作中很多岗位的晋升路线不止一条。很多人在一个岗位上稳定工作了一段时间后会考虑下一阶段职业方向的抉择，但并不一定会受限于现在的方向。比如高级开发工程师，虽然属于技术线的岗位，但并不是所有的技术人员都适合钻研技术。有些人天生是做科研的材料，可以沿着技术线走下去，比较晚地接触管理工作，甚至做一辈子技术工作；而有些人擅长沟通，有了足够的技术背景后就转型到管理线从项目经理开始，完成技术岗到管理岗的转型。这些都是合情合理的；每个人的职业发展路线并不是按照所从事的岗位方向确定好的。我们每个人的性格、偏好、兴趣、特长都各不相同，在充满未知和挑战的人生旅途中，尝试多种职业，按照S型的曲线晋升路线来规划自己的职业生涯也是很常见的。职业生涯规划没有好坏之分，就像五彩斑斓的人生一样，不同的经历有不同的风景，职场中的任何一段经历对我们来说都是宝贵的，有意义的。但过于随意地跳槽、频繁地切换行业或岗位也是不妥的。职业生涯不能过度规划，也不能不规划。在某个岗位上稳定地工作了一段时间并深刻理解了这个岗位的价值和意义之后，我们也需要适时进行一些大的方向上的展望，根据自身的实际情况规划下一阶段的职业目标。

对于已经具备了丰富的项目管理经验的资深PM（Project（Product）Manager，项目（产品）经理）来说，多数人已经清楚地知道自己想要什么，擅长什么，已经在规划下一步的职业发展方向。但一些有志于从事项目管理工作但还没有入门的新人，可能对项目经理这个岗位的认识还不太全面。项目经理都是从项目助理或协调员开始的吗？项目经理会做一辈子的项目吗？

IT职场中的项目经理并不都是从项目助理或协调员晋升而来的。事实上强矩阵架构中的项目经理多数是从高级开发工程师或软件架构师、技术经理等技术岗位转型过来的，相对来源比较单一；平衡（复合）矩阵和弱矩阵架构中的项目经理来源就比较宽泛了，虽然也有来自于技术线的转型，但来自市场和业务人员、咨询顾问、客户经理、职能经理等非技术线的岗位转型则更常见。转型不管来自于哪些岗位，技术线还是非技术线，PMP认证始终是IT项目经理上岗的最基础的要求，哪怕是在IT行业里工作了十几年的资深技术高手，若想转型做项目管理，PMP认证也是必需的。理论知识是做好项目管理的前提，PMP

全面的管理知识体系尤其对于技术人员的思维和心态转变非常有帮助。

了解了项目经理岗位的输入来源，再来说说项目经理岗位的输出，也就是将来的晋升路线。很多人认为项目总监通常就是项目经理的晋升目标，由管理项目转变为管理项目经理团队，看似没错，但这只是其中一个方向。总的来说项目经理的发展方向有两个：

（1）由管理项目转变为管理人，即管理项目经理团队。比如PMO、项目总监。

（2）由管理中小规模的项目升级到管理大或超大规模的项目。大项目指的是耗资巨大，耗时超长，不一定以盈利为目的，但一般有很强的社会影响力，甚至是关乎民生、国运的重大项目，比如三峡工程、神舟飞船工程、天网工程等。这些大项目必然也需要项目经理，我们称之为大项目经理。通常一个大项目会被进一步拆分为很多相关联的中小项目以便于分别管理，即项目集，所以大项目经理一般也是项目集经理。

可见项目经理的晋升路径并不只有我们熟知的项目总监或PMO，其实向大项目经理发展才是更具挑战、更能考验项目经理综合能力的方向。大项目并不都指跨行业或有国家背景的项目，以现实中IT行业的项目经理来说，并不是说我们真的能跨行业地管好建筑、水利或军工类的项目，这里只是提供一种广义的类比，帮助大家拓宽对于项目经理职业晋升方向的思路，让大家明白随着项目管理水平的提高，除了可以转型管理人，也可以由量变产生质变去管理更复杂的大型项目或项目集。IT项目经理虽然管理不了三峡工程那样的水利项目，但至少可以从交付500万元的普通软件项目，提高到交付5000万元甚至数亿元的大型软件项目，这是质变的意义。

其实真正的大项目经理的综合能力要求要远高于普通规模项目团队的项目总监或PMO职位，职场中的项目经理不必单纯地追求更高级的职业称谓。职级和称谓永远是相对于所在的企业而言的，是狭义的，就像BAT（Baidu & Alibaba & Tencent，百度、阿里巴巴和腾讯，国内IT一线巨头公司）公司中的有些高级工程师的综合能力其实并不弱于普通IT公司技术总监的水平一样，与其追求企业内相对更高的职级，不如追求更高的平台或环境。

图2-3是职场中与IT项目经理相关的岗位的比较普遍的实际晋升路线。

可见如今IT项目经理岗位的主要输入并不局限于技术人员。根据企业对项目经理岗位的不同定位和期望，一般会选择不同背景的人来担任。

项目经理岗位的主要输出也是多个方向：大项目（项目集）管理、项目团队管理和技术团队管理。当然能走向技术团队管理的人只能是来自于技术线转型而来的技术背景的项目经理。

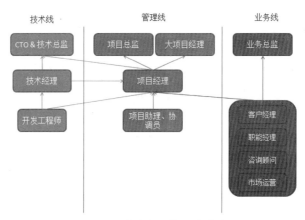

图2-3 IT岗位实际的晋升路线

日常工作中的项目经理应该怎样思考和规划未来的职业生涯呢？项目经理在低头干活的同时，也要经常性的抬头看路。要明白，机会只给有准备的人。虽然未来的路和晋升的岗位就摆在那里，但并不代表我们到了某个年纪，工作了多少年之后就自然具备了晋升的条件，时间并不能代表能力。虽然每个成功交付的项目，以及每个项目中结识的领导、下属、客户等干系人都是宝贵的资源，是职场里铁的成绩，但外部因素带给我们的提升永远是局限的，项目经理也应向内不断寻求自身的突破和提高。持续学习是一个很好的方式：提前拓宽一下工作中暂时用不到的技能，比如积极参与一些敏捷教练或产品经理的培训；多接触一些管理知识体系，比如除了美国的PMP资格认证，也可以尝试一下国家软考中的信息系统项目管理师认证。所有的学习过程都能让我们从更多的维度来了解工作中面临的问题，帮助我们以更高更宽的视角规划职业生涯，应对未来的挑战。

第 **3** 章
项目管理工作中的争议和问题

3.1 IT项目经理的技术背景重不重要

这个话题首先跟项目经理所在的组织采用什么类型的管理矩阵架构有关，其次与"技术背景"的定义有关。我们把技术背景暂且分为编程技能和非编程技能两类。

- 编程技能指的是软件开发能力，会写代码，能独立开发软件功能。
- 非编程技能指的是编程技能以外的所有IT知识，比如网络协议、计算机工作原理、操作系统、服务器集群架构等。

如表3-1所示，不同管理矩阵架构中的项目经理对技术背景有着不同的要求。

表3-1 不同管理矩阵架构中的项目经理对技术背景的要求

技术背景	强 矩 阵	平衡（复合）矩阵	弱 矩 阵
编程技能	Required（必需）	Optional（可选）	Optional（可选）
非编程技能	Required（必需）	Required（必需）	Optional（可选）

在强矩阵架构中，项目经理的技术背景非常重要，不论是编程技能还是非编程技能都是必需项。通常强矩阵架构中99%的软件项目经理是开发背景出身，但会编程的同时也掌握大量的泛IT领域的非编程类知识。

在弱矩阵架构中，项目经理的编程技能和非编程技能都不重要，即技术背景有之更好，没有也可。因为项目经理主要承担沟通协调汇报的角色，信息传达是主要职责，专业性能力只是辅助。

在平衡（复合）矩阵架构中，对于"项目经理是否需要技术背景"的话题争论最多。如表3-1所示，其实在这种环境中项目经理的编程技能并不重要，有更好，没有也无所谓，反而是非编程类的技能更重要。很多人会问，见过很多没有开发背景的项目经理，与技术团队沟通非常困难，怎么能说无所谓呢？这里大家有个误区，技术背景并不等同于开发背景。软件开发只是所有IT知识里的很小的一方面。当一个项目经理与技术团队沟通困难，那么这个项目经理欠缺的可能不是编程能力，而是编程以外的更宽泛的IT知识，即前面所说的"非编程技能"。所以我们不能用开发背景来代指技术背景，相反也一样。我们通常说的有或没有技术背景，是一个很模糊的概念，因为技术背景的范畴很广，判断有或没有的标准其实很模糊。如果把技术背景划分为编程技能和非编程技能，大家应该就清晰了。平衡（复合）矩阵架构环境中与技术团队沟通不畅的项目经理，问题并不是出在编程技能上，很大概率是因为非编程技能的不足。

图3-1中的红色部分指的是编程技能，可见编程技能在宽泛的IT信息技术体系中是多么的有限和渺小，而更宽更广的非编程技能的掌握才能代表真正地具备技术背景。

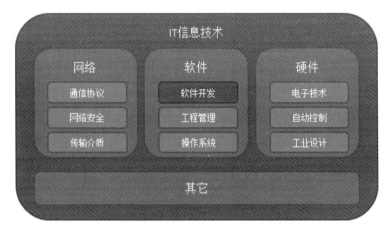

图3-1 编程与IT的关系

职场中一些IT项目经理被诟病的技术背景的缺失其实并不是因为其编程技能的缺失，深层原因是其非编程技能的匮乏，这点大家不要混淆。平衡（复合）矩阵架构环境中的软件项目经理，可以不懂开发，但开发以外的IT知识是必需的。事实上这两者相比，开发以外的非编程类技能更宽更难。如果你作为平衡（复合）矩阵架构中的项目经理感觉技术团队不那么听话，不要再以自己不懂开发来总结原因了，可能真正欠缺的并不是开发能力，IT世界里编程以外的知识还有很多，可能那些"非编程技能"才是真正欠缺的。

为什么很多软件企业中具有开发背景的项目经理，工作起来更顺畅呢？因为通常具备开发能力的项目经理，都或多或少地懂得一些开发以外的知识，比如云计算、计算机存储、网络协议等，通常需要建立在这些基础知识之上，才可以学习写代码，开发软件。所以这里的知识是有一个包含关系：会写代码的人的IT知识都不会差，但IT知识丰富的人不一定都会写代码。我们所看到的与开发团队协作顺畅的有开发背景的项目经理，也许并不仅仅因为他会编程，而是因为他同时也掌握着编程以外的通用IT基础知识。所以IT项目经理并非一定要开发出身，但开发以外的IT基础知识背景一定很重要。

拿笔者曾就职过的两家互联网公司来举例：

A公司是典型的平衡（复合）矩阵架构，团队中有一些没有开发背景的项目经理。让人印象深刻的是这些项目经理在与开发团队交流需求时经常互不理解，彼此争得面红耳赤，沟通的双方都有一种鸡同鸭讲、对牛弹琴的感觉。项目经理与客户确认好的需求，开发却反馈说做不了，无论怎样解释项目经理始终不理解为什么技术上实现不了。所以项目经理经常在需求方面被开发牵着鼻子走。开发说能做，才做，开发说不能做，就只好跑去找用户协商调整需求，效率低沟通成本高不说，反复地提出再调整需求让他在开发团队面前没有了项目经理的权威和话语权。

B公司也是平衡（复合）矩阵架构，也有一位没有开发背景的项目经理，他和开发团队之间的需求交流很简单，只是传递需求和验收需求的完成，很少提出过技术方面难以实现的需求，需求往往也比较贴合已有的技术框架。

两个同样没有开发背景的项目经理，与开发团队的关系却截然不同：一个不是在需求变更中，就是在与开发团队的对抗状态中；另一个协作无间，极少的无效沟通，却有很强的执行力。这引起了笔者的思考。原来B公司的项目经理虽然没有开发背景，但他是某名牌大学的计算机科学硕士，虽然没有亲手写过代码，但对服务器、操作系统、应用软件架构、网络协议、计算机原理和网络通信标准十分精通，可以说除了写代码之外，在IT知识领域，对于开发团队的程序员们来说是技术专家一样的存在。而A公司的项目经理则是获得了PMP认证的偏业务方向的市场人员。IT背景的差异显而易见。由此笔者认为，被开发团队信任的项目经理，不一定跟开发人员一样要会编程，但一定是IT知识与开发人员在同一水平线上或者更高的人。

这个例子并不是想说明高学历在项目管理工作中的重要性，事实上这并不重要，这里想表达的是，是否具备软件开发背景并不是成为合格的IT项目经理的必备条件。软件编程只是IT知识海洋中很小的一个领域，衡量一个IT项目经理是否称职的，并不仅仅是会不会写代码这么简单，而是编程以外更广阔更全面的IT基础知识的掌握程度。所以不会编程的读者看到这里，不必纠结于自己是否有过开发经验，只要你自信是IT方面的专家，具备足够的IT知识的宽度，就一定可以掌控你的开发团队。对于A公司的项目经理来说，其实缺乏的并不是编程能力，而是编程能力以外的IT基础知识和对软件的抽象理解能力，IT知识等基础背景的差异往往是非常大的鸿沟。

虽然目前很多采用平衡（复合）矩阵架构的互联网或SaaS软件公司在招聘时会要求项目经理具备开发经验，但其实这是企业需要快速甄选人才的无奈之举。因为通常会开发的人代表着IT基础知识的完备，更能理解开发团队，而大多数没有开发经验的人极难具备全面的IT知识。像例中B公司的项目经理，不会编程的技术高手，在行业中是少之又少的特殊存在，所以企业在招聘时更愿意武断地把是否具备开发经验作为一项筛选标准，是有背后的原因的，并不一定是企业真的只需要会开发的项目经理，而是因为不会开发而又知识全面、能与开发团队很好交流的项目经理实在太稀缺了。这与理论上IT项目经理并不一定需要开发背景并不矛盾。

技术背景不等同于开发背景。当你的技术背景足够强大，其实会不会开发并不重要。职场中有很多不会开发的项目管理专家和不会开发的产品专家，开发背景的缺失并不影响他们成为专家，是否具备全面深厚的IT知识才是关键。职场中虽然也有很多不会开发的项目经理，工作中处处被动，但其实IT项目经理的工作是否顺畅与会不会开发并没有直接关系，更重要的是开发以外的IT技能，这部分技能才是真正的技术背景，而这样的技术背景对项目经理确实是至关重要的。

3.2 如何界定项目是否成功

3.2.1 客观标准

项目的两大特征：目的性和临时性。

项目管理首先要搞清楚项目的边界，项目要做哪些事情，以什么方式来达成什么样的目标。项目的边界决定了为达到目标需要做什么，而目标必须是可度量的，不能是宏观或主观的。比如"项目要在一年内完成，预算一百万元，上下浮动十万元，符合ISO9001质量体系标准"，这是可度量的项目目标，同时也明确了验收的依据。而主观的目标则是"在未来一段时间内建设一个高效、安全的信息管理系统"这种含糊不清、无法度量的描述。主观的描述不能直接拿来当作项目目标，需要项目经理进一步地分解。

PMBOK中把项目目标归纳到了成本、时间、质量三个方面。这三个方面的要求如果都能做到可度量，那么就是客观的项目目标。而目标的明确，则决定了项目的边界和范围。边界和目标共同界定了项目的整体执行内容和验收标准。

项目的客观成功标准很简单，就是项目目标的达成。成本、时间、质量三个方面在可度量的前提下分别客观地达到标准，项目就可视为客观上的成功。这方面的方法和理论在PMP课程中有很详细的介绍。清晰地定义好项目目标并寻求到关键干系人的确认，进而定义好项目的边界范围，是项目经理最关键、最核心的工作，是让项目客观成功的基础。

3.2.2 主观标准

除了项目管理三要素，即质量、成本、时间这三个客观目标以外，客户满意度以及客户的潜在需求这样的非客观目标很容易被大家忽视，而界定谁是关键客户，哪些是潜在的核心需求，更是考验项目经理的干系人管理分析能力。

首先在真实的项目中，很少有合同对项目管理三要素做出同等高标准的要求。比如一个项目既要高质量、又要低成本和短时间，这是不科学的，除非削减范围，否则这是不可能达成的目标。

PMP介绍了项目管理三要素之间的互相约束，其实在实际项目中真正能够互相约束制衡的有四要素。在质量、成本、时间以外，范围也是可以参与互相约束的一个因素。比如，在原项目计划基础上，要想提高质量，那么在追加成本或延期以外，还可以缩减范围；要想削减成本，那么在降低质量或延期以外，也可以缩减范围；要想提前上线，那么在降低质量或追加成本以外，也可以缩减范围。可见范围是一个在三要素之外，可以参与互相制衡的同样关键的第四要素。

客户如果对项目所有方面都抱有很高的期望，其实是正常的，项目经理也不需要把严苛的项目期望想得多么可怕，我们只需要根据项目背景，找出客户真正关切的目标来重点保障就可以了。如果从客户得到的反馈是，范围不变，质量、成本、时间都要满足较高的既定目标，很遗憾这即使经过了客户的确认，但它仍然不是真实的项目目标，这只是客户的主观期望，这个主观期望距离真正的项目目标还有很大的分解空间。客户的主观期望和项目的客观目标是两个东西。没有理论会告诉项目经理怎样找到核心目标，项目经理需要对行业背景、客户组织架构和业务目标进行分析，结合项目发起人的意见，以及项目经理掌握的各方信息，来综合推定项目的核心目标在哪里，这个过程中对项目干系人的分析和业务需求分析同样重要。有的项目对时间敏感，要不惜一切代价如期上线；有的项目对成本敏感，预算之外的钱一分也无法增加；有的项目对质量敏感，要求上线后的软件状态一定要与POC环境的性能指标完全一致；有的项目是成本+质量敏感，或成本+时间敏感，或时间+质量敏感。但所有方面都敏感的项目，事实上是不存在的。项目核心目标究竟是什么，除了收集客户的反馈以外，项目经理需要运用所掌握的信息和经验去分析、定位并最终寻求各方确认。

准确地找到项目核心目标是一个项目成功的基础。核心目标通常不会由客户直接表达出来，即便表达也未必是真正可行的目标，需要项目经理根据已知信息推导，不断地换位思考，深入客户的工作场景来体验。这个过程对项目经理的干系人分析和业务场景的分析能力都有很高的要求，同理心和换位思考是关键。有些潜在的需求客户也许没有明确表达，有些明确表达的需求也许对最终目标并不重要，一切来自客户的信息都只是项目经理明确项目目标的一个参考，千万不要把客户的期望直接当作项目目标。目标需要分析、分解、量化然后确认，少了这些动作，不但对项目工作是一种失职，也很难在客户心里树立起专业谨慎的形象。

不要小看目标挖掘的过程和来自客户的主观印象。有很多项目在立项时完全按照用户的描述来作为项目的目标和范围基线，验收时项目成果虽然客观上完全达标，但实际运行中却发现并没有解决客户真正的业务问题。这种结果其实是项目客观上的成功，但对客户来说，主观上很难被认定为成功。

另外甲方的项目经理其实更希望在自己提出主观期望后，能得到乙方的风险提示和实质性建议的反馈，如果此时乙方项目经理完全照做而没有更专业的异议，客户会对项目乃至项目经理个人都产生很大的不信任。

有些来自业务型客户的需求，他们并不能表达出业务功能以外的非功能性的需求，比如软件的并发能力、扩展能力、故障恢复能力等，这些非功能性的需求往往需要更专业的乙方来推动进一步的明确以作为项目目标的一部分，这部分推导挖掘工作的缺失会严重地影响项目最终的交付满意度，也会出现项目客观成功但客户主观认为失败的情况。所以项目核心、潜在目标的挖掘不论是对项目还是对项目经理个人都是极为关键的工作。

当我们确定了项目的核心目标，对质量、时间、成本、范围等要素排出了项目需要达到的优先级顺序，那么这个核心目标将指导项目经理进行后续的所有活动，包括项目计划的编制、应对项目变更时的决策依据等，可以说项目目标决定了整个项目的风险偏好和管理方向。

PMP对项目成功的定义很简单，达到项目目标即可，这是理论层面。在实际职场中，首先能在客观理论层面达成项目目标的项目少之又少，其次客观达成目标的项目，如果甲方客户满意度不高，也很难符合项目集或乙方公司的战略利益，会导致项目的直接（客观）成功，而间接（主观）失败。所以管理项目，除了追求客观目标的达成，项目经理也要在管理过程中重视人和环境的因素，找出项目真正的核心需求，让项目能真正解决客户的问题，而不是闭门造车地履行合同。

3.2.3 干系人和环境的影响

PMP十大知识领域之一的项目干系人管理，被 PMBOK 由原来的九大知识领域单独整理出来作为独立的第十大知识领域，足见干系人管理在实际项目管理中的重要性。事实上在漫长的项目过程中，能对项目施以影响的干系人非常多，有影响大的，有影响小的，有积极影响的，有消极影响的。面对这些干系人，作为项目经理稍有不慎就会忽略了对他们的分析和管理。与干系人的沟通如果管理不好，比如漏掉了该有的沟通，或出现了不该有的沟通渠道，都会给项目造成严重的后果。干系人管理的缺失还可能造成一种并不少见的极端情况，就是项目虽然顺利结项，但项目经理个人却可能因为种种原因失去了客户方的信任。

理论上定义项目成功的标准只是理论，职场中如果项目经理只追求在理论上客观带领项目成功交付，但个人品牌没有升值甚至降低了客户对自己的信任和期望，或者由于项目经理的个人表现间接影响到甲方对乙方公司的信任，那么这个客观成功的项目也很难被定义为真正的成功。

现今的职场环境决定了除了客观标准以外，客户的主观印象在判断一个项目是否成功方面仍然是一个非常重要的因素。现实中有很多项目因为种种原因是不允许失败的，不论它的项目经理是谁，不论各方干系人对项目的态度怎么样，不论项目的执行过程如何，最终的项目结果必须是成功，即使客观上不成功，甲乙双方也会想办法让它表现得成功。这种必然成功的项目，并不能代表项目经理的成功。这种情况下的项目经理，千万不要把项目的成功归功于自己。此时需要分析环境，真正认识你所处的位置和项目的走向。当处于这样的项目之中，是项目经理树立个人品牌的绝佳时机，但也不要为了突出自己的管理才能而过度表现。除了追求客观成功标准外，虚心并小心地与所有干系人打交道，赢得他们的赞许和信任，在此主观评价之上的客观成功，才是真正的成功。既然项目的结果必定成功，何不把自己也顺势加入到成功的范畴之中呢？项目管理切忌上纲上线，依靠所掌握的管理知识，不停地在项目中寻找用武之地，好似一个刚学成的木工，拿着锤子满世界找钉子的样子，这样是很难在职场中赢得干系人的信任的。

书本里介绍的是理论上的成功标准，是客观的，都很正确。但现实职场中，项目经理的情商在项目管理工作中更为重要，有很多管理知识扎实、方法技巧高超的项目经理，客观上将项目带到了成功的终点，但个人却不再受到客户和公司的信任。究其原因，要么是因为项目过程中不自知地损害了某些干系人的利益，要么是过于看重自己的能量而忽略了平台和团队的付出，过分的自信和高调会让实际保障项目成功的干系人们心存芥蒂。项目经理是一个做事的岗位，但永远不要因为追求做事的效率而忽略了做人，因为真正界定项目成功的角度和标准非常复杂，把事情做好只是基础，在基础之上顺应环境和不同干系人的期望才可以使项目更大范围地被认定为成功。

3.3 项目经理做人还是做事

项目管理是教人如何做事的学科，项目经理是一个做事的岗位。所以本质上来说项目经理的最大价值是做事。因为有了把事情做成功这样一个需求，才产生了项目经理这样一个专业的岗位。同时项目经理的最大职责，是保障项目的成功，然而在成功的过程中，仅仅把事做好是不够的。

人的因素充斥在项目管理的方方面面，尤其是软件项目，其实就是由人组成的项目。范围、成本、时间、质量等项目管理各要素，最终要打交道的都是人，抱着做事的心态来管理项目首先是必需的，一定要有的，但如果仅仅是抱着做事的心态，则是不够的。因为项目成功太难了，不是几堂培训课或具备一些管理知识就能做到的。理论和实践好比人的左右脑，人的智商和情商，都需要完美的平衡。理论派的项目管理者是做项目经理的基础，但基础并不等同于良好。实践派的项目管理者认为把人做好，左右逢源就可以让项目成功，但如果仅仅有个好人缘，缺少了方法和管理技巧，虽然可以让所有人喜欢你，但你的项目却很难有进展。所以好的项目经理深知内外兼修、外圆内方的重要性。

当你作为一个软件项目的项目经理，面对客户提出的需求变更，每一次的变更请求都大大超出了合同的约束。从做事的角度看，拒绝是最合理的选择。项目经理层面的拒绝，看似高效地解决了问题，但会给你的项目和人际关系带来不小的风险。为什么这么说呢？是拒绝变更错了吗？拒绝并没错，问题在于拒绝的方式和方法。作为一个经验丰富的项目经理，在面对客户每一次的需求变更请求时，其实脑子里都立即会有一个变更的大概成本或代价的评估，因为项目经理是最了解项目的人，即便没有，与开发团队确认也会很快评估出结果，根据这个较粗的评估来判断，在不影响项目目标的前提下要不要接受这个变更请求，通常可以很快速地得出初步的答案。我们只要把接受变更的代价和项目目标相比较，就可以很容易得出是否应该接受变更的结论。但是**PMP**告诉我们，每一次的变更请求都要经由CCB的变更控制流程来审批，这不是让变更管理过程变得低效了吗？其实PMP指导大家要走CCB流程的理由，是为了让项目能从多角度多层面进行分析，通过更全面的信息来确定变更是否应该获批，避免因项目经理掌握的信息不全面而得出错误的判断。但其实CCB还有另一个作用，就是可以巧妙地把拒绝这个动作，不再由某一个具体的人给出，而是由一群人来给出，这样其实对项目经理和后续项目的正常推进是一个非常大的保护，让提出变更请求的客户没有理由也没有意愿对某个人心怀不满，通常集体的决定也会更谨慎更客观更有说服力。但一些项目经理意识不到CCB的这一层好处。其实我们应该善用一些理论方法，结合实际，在对自己和项目最小损害的前提下去做一些得罪人的事，避免成为职场中的"愣头青"。

PMP提供给项目经理的是方法论，但怎样用，为什么用，什么时候用，需要项目经理深刻地理解和思考。PMP不会教导项目经理怎样做人，它只会教给我们做事的方法和框架，但很多理论上要求的做事的方法其实是非常好的做人的手段，也是项目经理很好的挡箭牌。因为理论体系框架的存在和行业以及更多组织对管理理论的认可，项目经理在做一些得罪人的事情时，可以利用成熟的管理方法，躲在理论的后面，由单枪匹马变得有理有据。所以项目经理千万不要认为PMP只教了我们做事的方法，其实很多方法身兼数用，就看项目经理能否深刻理解并运用得当。CCB是个很好的例子，不仅教人做事，更是通过优化做事的方法来保护项目经理，间接地指导项目经理做人。

除了面向外部的客户，项目经理在对内部的团队建设和管理时，也要兼顾做事和做人。当你的一名团队成员屡次提交的成果存在质量缺陷，并因此耗费了大量的人力来追踪和修正他所产生的Bug，可人力资源又很紧张没有办法申请调换这个问题成员，此时作为项目经理，相信很多人会控制不住的批评指责，甚至不友善地抱怨。这种情况下，过度的批评是最糟且没用的行为，除了激起对立和负面情绪外，对问题的解决毫无帮助，不但做不好人，也影响了做事。正确的做法是首先分析这名成员所产生的问题是源自主观还是客观的原因？是有个人的负面情绪还是真的能力达不到项目组的要求？其次要量化他所带来的影响，并知会所有项目干系人，要学会利用组织的力量来解决问题，而不是项目经理独自站出来与团队成员PK。

（1）如果主观上有负面情绪，那么项目经理要找到原因并帮助他走出困境，及时地开展团队建设工作，帮助他扭转工作绩效问题。

（2）如果是客观能力不足，要量化因为个人能力的不足而导致的项目损失，尽量不要用模糊的形容词来描述问题。比如在项目周报中可以统计出每个成员的Bug产生率和分别修复的人天数。最好是做一个成本损失的排序，可以让问题浮现在所有接收项目信息的人的面前。即便此时的项目经理没有人事权，但当你把项目问题不间断地暴露给管理层，首先尽到了风险提示的责任，在信息传递方面没有失职，其次当风险提示累积到一定程度，项目经理再私下单独推动管理层出面解决人力资源问题，将会有理有据，事半功倍，会让项目经理减少很多不必要的人际关系冲突。

以上的第二点，切忌针对人。所有的项目汇报要客观、真实。项目经理不能展示所有的信息给干系人，也没有必要在汇报中直接批评某个人的绩效给项目带来的困扰，但是项目经理有一个优势，那就是可以有选择地呈现不同维度的信息给所有人。比如当项目遇到质量问题，就在汇报中重点体现质量相关的数据；当项目遇到成本问题，就在汇报中重点体现预算的制约；等等。我们不寄希望于某一封邮件或某一次周报就能解决问题，项目经理需要做的是先把问题暴露出来，慢慢酝酿，问题大了自然有更高权限的人来帮你解决或给你更大的授权支持你去解决。千万不要把项目问题演变成个人的人际关系危机，项目经理不与任何人为敌，不对任何人产生不满，一切问题的解决都是为了项目利益。不是项目经理需要解决什么，而是项目的成功需要解决什么。项目经理要学会顺势，没有势时要学会先造势。很多问题凭项目经理的一己之力是不可能解决的，需要学会利用环境和周围的资源来做事，顺势和造势对所有的管理工作来说都很重要。

多数时候做人和做事并不冲突，如果困扰于因为潜心做事而做不好人，那只说明做事的方法还有优化的空间。PMP并不会教导项目经理怎么在项目环境中建立并维护良好的人际关系，这也超出了管理知识的范畴，但它的很多方法其实并不仅仅教大家怎样做事，而是方法摆在那里，看你怎样去用，用或不用，何时用，这都是项目经理来决定的。在学习做事的方法时，项目经理要深刻理解方法和理论，认识到它背后的间接的益处，将其运用在合适的时机，其实很多做事的方法和工具如果运用合理，也是做人的良方。尤其是现在，项目管理理论已经应用于各行各业，有大量的管理方法论和理论框架被社会和企业所接受认可，在这个大背景下，项目经理在行使职权或为了项目利益而不得不损害某些干系人的个人利益时，完全可以站在理论体系的后面，利用公认的管理方法论来行使职权，既做了想做的事，也保全了自己的人际关系。做人与做事并不矛盾，二者对项目的成功也同样重要，关键需要管理者真正理解所掌握的理论方法和实施的技巧。

3.4 敏捷是解决所有问题的银弹吗

在欧洲民间传说中，银色子弹往往被描绘成具有驱魔功效的武器，是针对狼人、吸血鬼等超自然怪物的特效武器。在现代银弹则被比喻为具有极端有效性的解决方法，作为杀手锏、最强杀招、王牌等的代称。

敏捷是一套全新的项目管理思维方式，与敏捷相对应的不敏捷，即瀑布，就是我们通常说的按各个阶段依次执行从头做到尾的项目模型。敏捷的出现是为了解决瀑布模型的固有问题，但瀑布的问题并不代表项目的所有问题，比如项目预算紧张、成本约束敏感，不论是采用瀑布还是敏捷，都无法改变或改善这一点。所以敏捷的价值，是可以解决瀑布模型的主要弱点，但它并不是项目管理的万金油。

瀑布模型最大的弱点，是从始至终执行一个大计划，过程漫长且脆弱，项目执行过程中出现任何计划外的变化，都会对最终交付产生影响。瀑布模型的项目不喜欢变化，因为变化就意味着脱离计划。但事实是所有的项目在计划产生后都不可能没有变化，所以瀑布模型的项目管理方法中，把CCB的变更请求控制作为项目执行阶段最具挑战也是最重要的事情。

相比于瀑布，敏捷最大的价值或者说优势是拥抱变化，使项目更容易应对各方面的变化。简单来说就是把一大块要交付的内容，切割成若干个小的部分来分阶段开发、交付。敏捷把切开的每个小阶段叫作冲刺（Sprint）或迭代。在规划每个Sprint时优先处理核心需求、已知需求，将不明确的需求置后，这样可以在项目启动后快速地开始实质性的工作，把已知的、确定的先做好，把未知的、不确定的放到后面。随着每个Sprint的交付，未知的需求越来越少，风险越来越小。以此来改善传统瀑布中"先做大计划，发现偏差时再修改计划"这样的弊端。

敏捷有很多方法和工具，也有很多信条和原则，前面章节有介绍。作为一名项目经理，遇到新事物首先要能提纲挈领，拨开迷雾认清事物的本质。敏捷虽然有一整套的方法和理论、工具，但它的本质并不复杂，敏捷的思想理念的价值大于它的工具和方法。我们理解并接受它的理念，就可以不受它的工具和方法的束缚。敏捷的工具和方法就像PMP中的工具和方法一样，是通过一系列严格的要求来以它特有的方式推动项目目标的达成，有它存在的必然，但也不见得就完全贴合实际而没有优化的空间。简单理解敏捷的本质，就是化一个大瀑布为多个小瀑布。了解了这个实质，运用燃尽图、站立会、用户故事等敏捷方法时，我们就可以不拘泥于这些形式了。

笔者理解敏捷的精髓，也很认可它的适时出现解决了瀑布模型的先天问题，这是时代发展的需要，是历史的必然，但项目经理不应为了敏捷而敏捷。职场中有很多项目经理把敏捷方法和工具倒背如流，明明有条件坐下开会却一定要举行站立会；明明需求清单已经很清楚了却坚持写用户故事；每个迭代交付后，总要再另花时间规划下一个迭代，也就是在前一个迭代中根本做不好下一个迭代的规划，并且总是因为前一个迭代的质量问题而返工，算下来整体项目时间和成本反而增加了。这就是因为管理者没有抓住敏捷的本质而被束缚在了敏捷的形式里。事实上敏捷方法并不适用于所有团队，它对团队成员甚至客户、管理层都有很高的要求。国内有成功的敏捷实践，但那是优秀的团队成员+成熟的客户+开明的领导共同营造的最佳实践。最佳实践的环境要求其实很高，项目经理在应用敏捷前要能识别出环境陷阱，避免在一个不适当的环境中去应用敏捷。

- 首先，团队成员是否一流？产出是否稳定？沟通是否通畅？对敏捷和不敏捷的认识怎样？有没有能力和心理准备以敏捷的方式投入到项目中？要不要单独花时间做培训？

- 其次，你的客户能否紧密跟随团队？能否在团队成员需要时第一时间出现？能否一人对接所有业务需求或每个业务模块中是否各有一个可参与的客户？

职场中有太多不适合敏捷的团队和客户，大家喊着敏捷的口号，却做着别别扭扭的大瀑布。虽然敏捷已经不是个新事物，但笔者认为国内至少60%的软件团队是没有敏捷能力的。首先敏捷团队对实习生或初级工程师并不友好，它要求每名团队成员都要有稳定的输出、成熟的技术能力和敏捷能力，并不会兼容初级成员在项目中的学习成本。其次大家应该是一个有长期合作经验的稳定团队。而现实是，国内软件开发行业中外包占比很大，而这部分外包团队的专业能力和水平，都很难符合敏捷的要求。

（1）成员技术水平参差不齐，有高工，有学徒。

（2）团队意识差，别说敏捷，即便是过程漫长的瀑布中也很难产生默契。大家都只顾自己的利益，提前想着下一个项目自己会去哪、谁比我做得少却工资比我高，等等。

（3）对敏捷认识有限，多数成员对敏捷的了解停留在名词解释上。

相信资深的IT从业者应该对国内软件外包团队的情况有一些了解。成员的素质是决定团队能否顺利敏捷的第一要素。这里的素质指的是综合素质，是学习能力、技术能力、沟通能力、全局意识、情商、智商等。直白地说，敏捷解决不了团队成员水平低下的问题，不要指望派一群实习生加上一个敏捷教练就可以让项目敏捷起来。事实上敏捷实践比较好的团队，成员都是足够优秀的，这是一个成员和团队互相成全的过程，否则项目经理就要把有限的面对客户和项目的精力，分一大部分出来放到自己的团队成员身上，解释给每个成员你需要怎么做、为什么这样做等一些初级的问题，甚至还要花时间对初级员工进行一些技术指导。敏捷的目的是为了更好地交付，是为了让一群合格的士兵打一场漂亮的胜仗，而不是为了操练士兵。

另外国内的甲方极少有精力和能力全程跟随在敏捷团队之中，这也是另一个国内团队极难敏捷的原因。我们的甲方多数还处在"我花钱你办事"的思维框架中，凭什么我花了钱还要陪你一起办事？国内的甲方客户对敏捷的理解还需要很漫长的来自行业和大环境的促动，以及依靠客户的自学习过程来改善。

我们说了这么多敏捷的高起点，那是不是国内团队就真的很难敏捷了呢？敏捷在国内的实践目前可以分为两种，一种是专家们提倡的敏捷最佳实践，另一种是在最佳实践基础上经过裁剪的适配国内团队的折中的敏捷。前一种门槛很高，即使有大量的工具和方法，但它受限于人员、组织等各个方面，难以形成最佳实践应有的环境。后一种是目前大多数国内软件团队采用的折中的方法，具有较高的可行性。所谓裁剪，就是因地制宜，标准是标准，实际是实际，工具和方法不重要，重在思维和理念。

所谓敏捷，就是快。快指的是开发快吗？前面说过了，敏捷解决不了团队成员水平低下的问题，它改善不了个人的能力，所以快指的是响应速度快，交付快。

响应速度快指的是响应谁呢？是变化。

交付快是指上线快吗？敏捷并不是指整体项目交付的快，而指的是每个迭代的交付节奏快。快节奏的小交付能让客户尽快地看到成果，哪怕只是一点点。

敏捷的产生是为了应对变化，拥抱变化，所以它适用的情况是：项目需求不确定或不稳定，或当前已知的需求在未来有极大可能产生变化。所以敏捷能解决的问题相当有限且精准。有了敏捷思维，你的瀑布项目可以拆分为若干个阶段，每个阶段定义好明确的范围和时间，视管理的粒度需要可以把阶段划大或划小些；在稳定的进行一个迭代的同时规划下一次的迭代；把不确定性永远地向后推，减少已完工成果的返工和变更；同时因为明确了不确定性的边界，可以推动客户有时间有压力去把不确定的需求变成确定。开发人员永远面对的是确定且稳定的需求，如果没有就停工。这样大家在一个同频率同认知的水平协同工作，各司其职，能较好地应对项目中的变化和不确定性。

可见敏捷的价值是应对变化，它并不是解决所有项目问题的银弹。比如当你的项目成本控制要求严格，质量要求高，时间要求准时交付，面对这些项目约束，敏捷都帮不了你，这些都需要你用传统的项目管理方法去应对。敏捷与瀑布并不是对立的，它们是进化演变的关系，在进行敏捷项目管理时，面对每一个迭代内部的问题，完全可以用PMP管理方法和工具来处理。比如在一次迭代中，某一个功能点所要花费的成本和工时无法准确估算，除了继续分解功能点以外，这时也可以用PMP介绍的三点估算法和类比估算法来评估。再比如某一次迭代中一位团队成员工作状态下降明显，也完全可以应用PMP介绍的团队建设方法去尝试解决。所以敏捷与瀑布是互补而非互斥的关系，它们互相都可以很好地解决对方不擅长的问题。我们在应用敏捷之前，要理解敏捷，理解为什么敏捷，怎样能敏捷，敏捷能解决什么问题，才能让敏捷方法更好地为项目服务。

敏捷并不能解决项目的所有问题，团队成员产出不均、沟通不畅或项目经理的职权不清晰、项目有技术难点需要攻关等问题，与是否敏捷并无关系，敏捷不能解决这些问题，项目经理仍然需要利用PMP的方法和工具去应对。而当项目边界不确定，很大可能会有需求变更，或者瀑布的周期较长，客户不愿承担这个风险而需要及早地看到成果，并且有意愿有能力与团队同频率地推动项目来保障项目方向的正确，那么这种情况才是敏捷绝佳的应用场景。

敏捷也并不复杂，项目经理千万不要迷失在一堆冗杂的敏捷工具和方法中，敏捷的精髓是思想而不是方法。敏捷的思想就是化繁为简、步步为营，至于方法，都是服务于这个思想。相比较国外团队推崇的最佳实践，国内的裁剪后的敏捷其实更容易落地。最佳实践有着较高的门槛，对团队成员、客户、组织都有极高的要求。而适用于国内团队的裁剪后的敏捷则简单得多，不拘泥于敏捷的形式，规划好迭代，处理好未知和已知的关系就可以了。把敏捷当作多个小瀑布来执行，从心理上和事实上更容易让我们的干系人接受和理解。

敏捷相比于瀑布，除了拥抱变化的优势，也有它固有的劣势。比如敏捷提倡的轻文档重交付，会导致项目过程文档的缺失，在国内会让很多项目在最终结项时突击赶文档，甚至乱编文档来应付验收。再比如客户听说敏捷很棒，有各种各样的好处，理念很先进，并且名字听起来就是项目做得快的意思，所以头脑一热要求项目经理采用敏捷方式交付，项目经理如果没有对客户做过培训就答应客户，那将产生天大的误会：项目经理会发现随着少量已知需求的迭代完成，用户却始终无法投入项目工作，导致一方面已完成的工作找不到用户来验收，另一方面没有用户参与后续迭代的规划工作，后面的工作迟迟不能开展，造成了停工现象；客户会责怪项目经理管理不当，而项目经理只能抱怨用户参与度不够，非但不能敏捷，连正常的瀑布模型都无法继续了。所以敏捷有它的前提条件，也有它的适用范围，并不是解决所有项目管理问题的银弹。除了拥抱变外以外，很多项目管理问题不管是否敏捷都依然存在。项目经理除了微观地掌握敏捷方法和获得敏捷认证之外，更应该站在宏观的角度理解敏捷，才能更好地应用敏捷。

3.5　人月为什么是神话

《人月神话》是美国作者Frederick P.Brooks 于2002年出版的一本关于计算机软件工程的专业图书，有兴趣的朋友可以读一读。单从书的名字看有些浪漫的色彩，但其实这是一本介绍软件工程管理的专业图书。书中介绍了软件工程在开发工作量评估方面的现行方法的缺陷。虽然篇幅很长，但主要的表述都集中在一个观点上，那就是依靠"人/月"这种计量单位来评估软件项目的工作量和成本，以及进行资源和时间的等价交换是不靠谱的。

此书出版在2002年，在今天看来书中有些技术或理念稍显落后，但其表达的核心内容却并不过时。因为在20年后的今天，随着软件项目的交付数量越来越多，虽然软件工作量评估的计量单位已经由"人/月"被更加精确的"人/天"所代替，但却仍然受困于评估的不准确和难以转换，仍然没有找到一种合理的计量方法来代替"人/月"或"人/天"。20年前Brooks发现的问题，今天其实仍然在困扰我们，可见这20年间信息技术发展纵然很快，但管理方法却没有大的变革，只是原本有效的理论越来越完善，越来越成熟，但一些难以解决的问题仍然存在。

项目管理理论发展了这么多年，虽然方法论和工具在不断演变和成熟，但其实很多方法对项目经理来说都是在理论层面的参考而已，不论它再有名气、再经典，都是模式化的理论。而项目是活生生的现实，理论方法要服务好现实项目，需要项目经理的灵活理解和运用，将理论结合实际，必要时优化理论来适配实际，才是项目经理真正应该掌握的能力。

项目经理学到的永远都不会是确定解决问题的方法，而只是有可能解决问题的仅供参考的方法。比如PMBOK中关于工时估算的三点估算法，$T_e=(P+4M+O)/6$，公式虽然经典，但真实项目中谁又能只依靠一个公式去评估工作量呢？这个公式中的P和O分别作为最悲观值和最乐观值，完全是主观的，这和主观的经验类比又有什么区别呢？"人月"和"人天"也是一样，传统的理论方法不见得就是完善的，当你有更好的方法去评估一个事物，就应该大胆地放下书本中的理论。比如当我们无法计算出一个工作包的工作量成本，而这个工作包的成本对项目计划又非常关键时，在你应用三点估算法之前，不妨尝试继续分解它，直到能得出更精确的数值，而不是一开始就用一个经典的公式来计算一个模糊值。

"人月"为什么是神话？其实是神话的不止"人月"，有很多落后的方法都是神话，但神话并不代表没有价值。理论方法的价值在于提供一种思路应对一种问题，帮助项目经理更深刻全面地理解你所面临的问题。能形成理论的方法，并不一定适用于解决具体的问题。一些理论方法之所以经典，是因为它可以解决的是一些有着共同特性的问题，而不是所有问题。前人不可能把世间的每一个具体问题都归纳出一个具体的解决办法，所以很多理论方法放到现实其实都是神话，管理好项目的关键是项目经理这个人和他的综合能力，灵活运用方法的能力，而不仅仅是掌握管理理论。

在软件工程领域，"人月"是神话的原因主要来自三方面：

一、 软件开发过程中被忽略的沟通成本。

二、行业中通用的软件开发人员能力等级标准长期缺失，难以建立。

三、软件开发过程中人的情绪等主观因素的不确定性。

"人月"或者"人天"，是指一个人做30天的工作与30个人做一天的工作，从理论上来说成本是等价的。这种类比转换其实是不合理的，这种不合理在传统的非IT类项目中体现得并不明显，比如在建筑行业，一个对工人技能要求不高并且人均专业水平相差不大的工作，拿制砖举例，一个成熟工人花一小时制作60块砖，和与他技能水平相等的60个人在1分钟内各制作一块砖，对工厂老板来说，成本几乎是相等的。因为除了原材料成本的绝对相等以外，这61个人的专业技能水平也非常接近，人力成本也是几乎相等，重点只是在于能否调集到60个空闲的工人而已。但是转换到软件行业，没有了原材料，软件行业的原材料和加工者已经合二为一，都是人，并且不同的技术会应用到软件开发的不同阶段，所需要的人力成本的差异是非常大的。比如高级开发工程师和初级测试工程师的人力成本可能是几倍的关系，即便同样是开发工程师，高级工程师也有可能是几倍于初级工程师的薪资，这种情况下在评估同一个任务的开发成本时，由不同的人来开发其实成本是不一样的。我们再套用"人月"的换算公式，某个软件由一个人开发需花费30天，那么由30人的团队同时开发，是否一天就能完成？有过研发经验的同学都知道，这是不可能的。这当中有太多的不确定、不平均、不可计量的因素。且不说这30人的能力、薪资是否一样，就是让他们坐到一起协调怎样分工来完成这个任务，都要花上不少的时间，软件的分工相比制砖的分工不知道要复杂多少倍。但很不幸的是，在软件工时评估计量时，我们在2022年的今天，仍然是用一种不靠谱的计量单位来评估软件开发的工作量和成本。在理论上1人月代表了太多含义，一个人工作30天，或者30个人工作一天，都可以称为1人月，但这种互相转换其实是不相等的，这是个神话，这就是Brooks想要表达的内容。也许非IT类的其他行业的项目勉强可以用"人/月"来计算工作量或成本，但软件工程是不适用"人/月"或"人/天"来作为工作量和成本的计量单位的。因为这当中少了软件开发过程中耗时耗力的沟通协调和工程师不同的能力等级等因素的考虑。我们把这个神话放到真实项目中，如果你的客户对一个工作量已被评估为1人月的功能模块十分感兴趣，希望在不计成本的情况下尽快看到成果，问你是否可以调派30名工程师同时参与，在第二天就看到成果？如果你理解了"人月"为什么是神话，就可以培训你的客户，采用"人月"这种不够精细的概念作为计量单位，是IT行业项目管理和软件工程管理领域长期以来固有的技术问题，其实两者并不具备转换的可行性，现实中不能做这样的等价交换。

既然"人月"是神话，那为什么从Brooks提出质疑起，至今20年仍然没有更优的方法来代替它呢？这不得不归结到IT技术快速发展的原因上来。首先这是一个IT软件项目特有的问题，并不代表所有项目都不适用。一方面是建筑行业或其他行业中劳动力水平更平均，这个问题并不明显，另外一方面是IT行业的从业人员的能力等级评定问题，受限于技术快速发展，在世界范围内一直没有通用成熟的可借鉴的标准。因为能力等级评定的标准制定赶不上技术发展的速度，所以一直难以满足行业的需要。而建筑业或制造业等传统项目存在已久，从业人员不需要复杂的技能，通常有专门的职业等级规范，在达到某一个等级或职称后，人员的产出将稳定在某一状态，便于管理者用不同等级的人力标准来计量不同的成本，并且不同等级人力之间可以有明确的换算关系。作为IT项目特有的一个问题，它并不影响其他行业项目的工作，所以"人月"这种粗放的计量单位没有引起项目管理组织的重视也很正常。

作为IT项目经理，我们在计算软件项目的工作量和成本时，要清楚软件项目的特点和人的复杂性。除了人力资源等级模糊、智力型工作分解和沟通过程耗时以外，人的主观情绪也是影响产出的另一个重要的因素。试想即使是同一等级的30个开发工程师，用1分钟的时间让所有人分工完毕，谁又能保证这些人都是以相似状态开始工作的呢？有的人开开心心来上班，有的人昨晚没睡好，有的人被迫来救场，心不甘情不愿，这些人的产出会有很大的差异。可见软件项目的复杂性是来自多方面的。

因为软件代表智力成果，软件项目就是人的项目，是人就有主观因素，不能用完全客观的原材料的计量方式来计算成本。所以软件项目成本的计量单位一直停留在20年前的状态，也是因为人的因素太复杂了，业界还没有足够的智慧想到更好的办法进行优化。作为项目经理，我们在评估软件项目的工时和成本时，不可避免地还是要采用这种有缺陷的方法，因为项目必定要有个估算值，即便做不到精确，也应有个粗略的估算结果以便立项和申请预算。但项目经理要清楚"人月"是神话的原因，在进行所谓的等价转换时要小心，不要跌入计量单位的陷阱。

"人月"既然是神话，那有没有更好的办法进行更精确的估算呢？答案是有。实际项目中在采用"人月"或"人天"方式进行工作量评估时，如果可能，尽量把评估动作联系到任务的具体执行者身上。比如当我们在项目前期需要给出一个尽量精确的项目成本估算，那么在评估每个工作包的工作量时，要结合这个工作包的具体的负责人的能力来计算，而不是以统一的"人月"或"人天"来计算。因为相同的工作，由不同的人来完成，所需要的成本是不一样的，所耗的时间也不一样。所以在项目早期如果需要精确评估项目成本时，项目经理应要求资源预先到位，才可以让评估更精确。另外在做项目计划时，

101

在甘特图中以工作包为单位分别指派负责人和所耗费的时间，这里要注意先后顺序，先指定负责人，再根据负责人和具体工作来评估时间，而不是先算工作要多久，然后再分给谁，这个顺序很重要，请大家注意。另外当项目计划发生变更时，如果某个工作包更换了负责人，别忘了重新评估这个新的负责人完成这个工作包要花费多久。因为换人了，虽然工作内容没换，但之前的工作时长评估已不再适用另一个人。总结起来就是，把"人月"或"人天"这个相对宽泛的概念，具体到"哪个人"月和"哪个人"天，来提升评估的准确度，是现代软件项目经理应具备的技能，是对一些有缺陷的传统方法的有效校正和补充。

3.6 如何看待背锅和填坑

有人的地方就有江湖，职场就是一个江湖，在职场中受委屈或是被人在背后捅刀子都是可能发生的。虽然有些委屈和刀子并不一定都是主观被人加害，但职场中不小心被人误伤或各方利益驱使让你不得不承担别人的过错，也是司空见惯的事情，项目经理不得不面对。这其实是每个人职场生活的一部分，只不过项目经理遇到的概率更大，背起锅填起坑来看似更合理。

3.6.1 企业管理能力

企业管理能力相比于项目管理能力，是企业范围内更高层面的管理能力。企业管理能力的水平决定了企业内基层管理人员的工作状态和积极性。

我们都知道怎样评价项目经理的工作能力，那就是能否带领项目达成项目目标。通常项目是一个漫长的过程，项目经理在项目过程中遇到冲突一般会妥协、退让或担责，但是在项目经理妥协、退让或担责的背后，他的绩效和能力、处理问题的方法对错，他的隐忍和付出，能否得到客观公正的评价，是很考验企业的管理能力的。有些企业高管或是项目总监，作为项目经理的直属领导，他们对项目的了解并不深入，对项目经理的能力也并不完全信任，很容易被一些问题的表面现象误导。比如项目经理因为顾全大局隐忍了某些团队成员的挑衅，或因为利益关系背后被其他人恶意中伤，在表面看来也许真的是项目经理有问题。因为领导的失察而导致优秀的项目经理流失这种现象在职场中并不少见。比如一个项目的目标虽然完成了，但过程中领导接收到了来自很多方面的关于项目经理的投诉，最后项目虽然成功结项，但项目经理收到了很不好的绩效评价。这当中也许会有项目经理的问题，因为如今IT行业中从业的项目经理水平本身就参差不齐，作为领导对项目经理有更严格谨慎的考核无可厚非，但也有很多情况是项目经理在项目交付过程中为了保全项目的整体利益而致使一部分人的个人利益受损，而这一部分人以项目经理处事不当为由，打着为公的幌子做着为私的投诉。如果管理层在面对投诉时，不了解项目经理的真实能力，不理解项目的处境，不能准确地分辨出项目经理的价值和过错，那么就会给出错误的绩效评价，以至错失优秀的下属。这种企业级的管理能力如果出了问题，无法客观评价基层管理人员的绩效，那么企业也会慢慢走向下坡路。

通常项目成功但项目经理却被投诉的情况主要源于：

- 一是项目经理确实水平有限但是公司的其他资源保障了项目的成功。
- 二是项目经理为了保全整体项目的进展在局部替别人的问题背了锅。

第一种情况很好理解，项目的成功有时确实与项目经理的能力不一定是强相关的关系。

第二种情况值得所有企业管理者重视，尤其是一线项目管理经验并不多的高层领导。举几个方面的例子：

（1）团队某成员绩效差，但这个人的技能又对项目十分关键，项目经理在沟通无果且时间紧急的情况下，为了应对风险，把这个人非核心的工作转移到了其他成员身上，只把核心工作留给他，项目最终顺利结项，但其他工程师认为项目经理分配工作不当。

（2）项目经理A为了保障项目A如期上线，对关键路径上的任务的负责人成员A实行了紧密监控，但同时成员A又是项目B的关键成员，项目经理A的做法导致的结果是项目A顺利上线，但项目B因此受影响，因此项目经理B对项目经理A产生了投诉。

（3）客户对项目交付的质量不满意，要求项目经理找出主要技术责任人进行惩罚，但主要的技术负责人因为身兼多个项目，工作已经饱和，所以才导致了质量问题。如果告知客户具体的技术责任人和问题原因，会导致该员工在重压之下离职并且没有替补资源，会更严重地危害项目，并且会让客户对乙方公司的资源分配产生不满，也许会招致更高级别的投诉。所以项目经理一边在寻求公司支援的同时掩盖了事情真相把责任揽到了自己身上，以求保全项目进展和客户对乙方公司的信任，最终自己遭到了客户的投诉。

（4）项目经理因为权限受限导致资源无法及时投入项目，多次与直属领导反馈要求授权和协调资源但没有进展，客户不明就里地向乙方高层提出了投诉，高层领导为了保全公司在客户眼里的形象和后续合作机会，忽略了直属领导的不作为，而是把责任抛给了级别更低的项目经理，使这个问题定性为项目经理个人的能力问题而非乙方公司的执行力问题。

以上简短的几个例子，足见项目经理的锅和坑来自方方面面。以上都是项目经理为了保全项目整体的最终利益，而牺牲了某些人或自己的局部利益的普通事例。在项目进程中面对各方面的约束，很多问题并不是依靠书本里的方法论就可以解决，项目经理很多的决策是不得已而为之，弃卒保帅是日常决策的常态。有些经验丰富且责任心强的项目经理，善于在紧要关头做局部牺牲来保全整体利益，但好马也需要伯乐，当你在做一些智慧的局部牺牲时，不要忘了先了解你的组织和领导，能评价你工作绩效的那个角色，是否有足够的高度和智慧来识别出你这样做的价值。在面对困境时项目经理的沟通表达是一方面，公司的企业管理能力以及领导对基层项目经理的了解、支持和认可则更加重要。

3.6.2 辞职是逃避吗

如果背锅或填坑是一种能力，那这个能力显然很简单，每个人都具备。问题在于这项能力是否被大家认为是一种能力？也许没人认为这是一种能力，别人看到的也许仅仅是你真的犯了错而已。职场中每个人都难以改变能评价自己的绩效、能决定自己的工资和奖金的那个人，即你的领导，只能被动接受。虽然很多管理理论教大家怎样做好管理者，怎样管好项目，怎样面试，却很少有关于离职的建议，但不得不承认离职也是每个人职场生涯不得不面对的特殊情况。

当你背的锅、填的坑，你的直属领导认为那就是你真实的问题，而不是什么所谓的牺牲；或者出于保护领导的自身利益的需要而导致他不能承认你的牺牲，就是要把责任硬推给你；或者当你们的认知已经不在同一层面上，其实就是时候离开了。

Johanna Rothman在2009年出版的《项目管理修炼之道》一书中提到，在她真实的职场经历中，当某些管理方法无法落地，理论在现实中走进了死胡同，或当组织无法提供必要的项目管理支持时，Johanna会毫不犹豫地用辞职来摆脱这种情况，令笔者印象深刻。因为很少有管理类的书籍会直面离职这一话题。当然Johanna的辞职并不是她解决一切问题的办法，也不是情绪上的冲动，她想表达的是，当你所处的组织无法给到能让你的项目成功的资源或支持，你是无力改变这些的，离开是最好的结果，永远不要把自己的职业生涯与一个与之不匹配的公司绑定到一起。Johanna的观点简单至极，很长时间之后笔者再也没有在其他管理类的书籍中读到过关于辞职的话题。管理专家们好像有数不清的办法来应对所有的问题，好像在专家们的眼里是没有什么不可解决的只能用辞职来解决的问题，好像辞职是认输，是失败，是无能。但其实并不是，专家们不介绍的东西不代表生活中没有。我们学习了那么多方法、工具、知识、经验，真的能应对所有环境中的问题吗？问题还好说，但环境呢？PMP能让你改变企业的文化和价值观吗？能让你提升领导的认知水平和能力吗？能让你的绩效评价更客观公平吗？并不能。PMP会建议你利用好事业环境因素和组织过程资产，但对项目经理所处的环境无能为力，环境和组织的力量是知识或管理技能无法撼动的。不要羞于用辞职来解决问题，真实的职场永远宽于理论的书籍，客观了解你的组织、你的团队、你的困难和你的能力，如果你改变不了来自组织的负面影响，与其去解决组织的问题，不如划个句号迎接新的挑战。

其实背锅或填坑对项目经理来说并不难，重点是是否背得值、填得值。这里的值或不值有两层含义：

- 一是你的付出要能换来更大的利益，整体获益要大于局部牺牲，并不是见锅就背，见坑就跳。

- 二是你的牺牲要让组织明白这是个牺牲，否则即便项目成功了，你的牺牲也毫无价值。如果你的组织或领导出于某些原因不能认同你的牺牲，那么说明对同一事物的认知，你已经与你的领导和组织产生了不一致，或者是利益冲突，这一点是很难消除的。你自认为的牺牲并不被组织认可，那么这个牺牲则是不值的。要么改进自己，要么离开吧。

3.6.3 环境的重要性

作为项目经理也不要盲目认同组织对自己的评价，就如同行业中项目经理队伍虽然庞大，但好的项目经理并不多见一样，随着社会经济发展，私营企业遍地开花，但好的企业管理者和好的项目经理一样是稀缺的，这是符合社会发展规律的，是客观的事实。不要认为你的领导一定在各方面都是导师，也许他仅在关键的方面优于你，在一线管理或基层工作方面也许并不一定比你更专业。

也许出于组织架构的需要，或项目经理在组织环境中的定位（如非强矩阵架构环境），你所背的锅和填的坑在领导看来是分内之事，不需要嘉奖和特殊的理解。那么此时的矛盾就不再是企业管理水平或个人情绪管理的问题了，而是当下这个组织给你提供的工作环境和岗位是否还与你的职业规划相匹配？项目经理需要在更高的层面来思考。

通常背锅和填坑这个话题，更多地出现在平衡（复合）矩阵或弱矩阵架构中，强矩阵架构中的项目经理很少有类似困扰。原因是平衡（复合）矩阵或弱矩阵架构中的项目经理权力更受限，自己的绩效更容易被外界不公正地评价，而无法仅通过"项目目标是否达成"这一客观标准来衡量。

小王作为项目经理服务于一家音视频云通信供应商，公司既有To-C的互联网业务，也有To-B的企业软件服务业务，技术驱动的氛围很强，项目管理架构属于平衡（复合）矩阵架构。小王负责的项目是为一个B端客户提供音视频底层接入能力，帮助客户将音视频能力集成到客户公司内部的另一个应用软件中。项目过程中遇到了一个技术问题，音视频能力在小王公司的POC环境中正常工作，而移植到了客户方应用中就出现卡顿的现象。这个技术问题迟迟解决不了，小王团队的技术人员找不到根本原因，只能证明所提供的技术在POC环境没问题，无法在对方环境调试问题。而因为小王公司的音视频技术是以黑盒方式提供的，导致对方应用软件的团队也无从排查，问题陷入了僵持。这种技术问题本应该走技术路线向上升级，但因为小王团队的现场技术人员与公司里更高级的技术人员互相推诿，现场技术人员认为应该由更高级的技术人员来接管这个问题，而高级技术人员认为是现场环境导致的问题应由现场进一步排查，所以这种推诿浪费了很多时间。小王将问题反馈到技术线的最高层领导CTO老张，却仍然没有对技术人员形成压力。没有实质进展，导致客户将问题投诉到了小王公司。CTO老张代表公司为了安抚客户，把问题定性为项目的管理问题，当面给予项目经理批评然后督促解决。此时原本的技术问题，经由老张的表态已经变成了项目管理问题，小王虽有异议，但为了先解决问题，小王默认了问题的定性。本想着锅背了，CTO也出面了，所有技术人员也表现出了最高级的重视，技术问题应该很快会解决，但随着老张离去，现场技术和高级技术又开始推诿，并且更加肆无忌惮，客观原因是他们都不再有解决问题的压力了，大家都知道压力在项目经理那里。此时小王认识到了问题的严重性——这不是背不背锅的问题，而是自己一旦背上了锅，这个问题将永远不会再有解决的可能了，因为问题的定性让原本能解决问题的技术人员不再有压力去解决问题。后来小王经过冷静的思考，找出了症结所在：

（1）技术团队在公司是强势的存在，公司以技术立业，技术驱动的氛围很好，所以对项目管理岗的定位偏低，导致项目经理缺乏人事权，很难对技术人员形成有效管理，对项目管理来说其实是属于偏弱矩阵的架构环境。

（2）公司需要依靠项目交付来实现盈利，高层对项目交付也很重视，但高层并没有把项目交付的重要性传达到基层的技术团队，大家都在享受投资方提供的资金保障，导致技术人员认为项目做好或做坏并不会影响到个人利益，这其实是企业管理能力出了问题。

（3）公司中有个不成文的规定，即项目经理是团队面向客户沟通的唯一渠道，也是项目的唯一负责人。虽然这个定位没问题，但当这个定位遇到了技术强势的团队，在问题面前就会让技术人员习惯性地躲到项目经理身后，低头只顾完成自己的工作，没有人抬头为项目结果负责。项目顺利还好，一旦有难题需要解决，就会体现为团队的执行力低下。

（4）技术人员互相推诿这个问题，究其根本其实是CTO对技术团队的管理失职。老张为了掩盖技术团队的低效表现而将技术团队的管理问题定性为项目管理问题，显然这是项目经理不得不背的锅。

搞清楚了原因，就不难看出，前面三点是组织环境因素，第四点是高层领导因素，任何一个因素都是项目经理无力改变的。小王不能对抗环境，不能颠覆组织对项目经理的定位，不能直接向CEO投诉老张，因为职场人都理解，这种投诉即便赢了也没意义，所以小王最终选择了辞职。没有委屈，没有冲动，也没有情绪化，仅仅是因为了解了所处的环境。小王作为一个强矩阵架构环境中历练出来的项目经理，在投入互联网大潮时，自身的定位与周围的环境发生了很大的变化，在一个相对弱矩阵架构的管理岗位工作，于当下、于未来，对自己都是不合适的。试想一下如果换作一个强矩阵或稍强一些的平衡（复合）矩阵架构的环境，如果小王权限更大一些，就会直接指定高级技术人员负责解决问题；如果小王可以决定技术人员的绩效和去留，有真正的人事权，技术人员就不敢不顾项目的利益而互相推诿；如果老张能正视技术团队的问题从而向技术人员施压亲自主导解决，技术问题就不会被定性为项目管理问题。可惜这些如果都不成立，事业环境因素决定了这个环境里的项目和小王都很难有好的结果。

非强矩阵架构环境中的项目若想取得成功，离不开职能经理和职能部门的支持，如果得不到职能部门的支持，项目管理技巧就没有用武之地，项目经理的唯一价值可能就是当其他人导致的问题暴露出来时，需要自己站出来代表其他人认领这个失误。对于一些国内的企业文化，PMP不理解不赞同所以不应对，但身处职场中的我们应该清楚每个问题的因果。有些现象虽然极端，却是真实存在的，每个人都有可能面对。

笔者在此不是鼓励大家用辞职去解决工作中的问题，是否背锅也不应该成为是否辞职的决定因素，真正关键的，是你与组织或环境是否可以互相成全。当这个成全成立，你将会把精力聚集在战术层面，利用专业技能服务于项目。而当这个成全不成立，你将被迫不断地考虑战略层面的问题，我是谁？我在哪？我在干什么？我还要不要继续？这将是对自己的极大消耗。

背锅和填坑，职场中任何一个岗位都可能遭遇，只是项目经理遭遇的概率更大一些。作为一个职场人无法避免这些，这也是项目经理的一部分职责所在。但同样要注意，只背值得背的锅，只填值得填的坑，要认清环境与自己的关系。冰箱里的蚊子和沙漠里的羊是活不久的，选择合适的环境是职场成功的第一步。每个人的职业生涯其实并不长，背不背锅、填不填坑都是小事，真正应该关注的是我们所在的组织环境，是否与我们的职业生涯规划相匹配。

3.7 上线前总有解决不完的Bug怎么办

3.7.1 软件质量的特殊性

软件项目相比于传统建筑行业或制造业项目的交付更加复杂，主要原因是软件项目没有原材料实物的堆砌，项目进展和成果并不直观可见。软件是人类智慧的成果，软件开发是存在于人类大脑中的逻辑思维的抽象技能，当软件被部署在计算机中，要满足很多特定的外部条件才可以正确运行。这些复杂因素决定了软件开发项目的进展和质量极难控制，所以软件产品的缺陷实际也很难在上线前的测试阶段完全修正。

事实上软件产品的质量控制（QC）工作对软件质量的保障非常有限，而是企业的质量保证（QA）措施通常对软件质量管理会有比较好的效果。原因是通过质量控制被动地发现软件的Bug这一工作难以在短时间内全面完成，同时因为软件的复杂性，在质量控制阶段需要花费的测试成本也会比较大。而质量保证是把质量工作贯穿在软件研发的全过程中，包括在软件设计阶段，就已经开始考虑架构和技术的合理性，得以在早期从设计层面保障质量。并且在开发阶段，在写代码之前，开发工程师在构思编码结构和实现代码时需要考虑各种非正常条件的触发，如断网、停电、用户输入预期外的格式等，所有这一切的考虑或不考虑，都会直接影响到软件最终的质量。所以软件项目与其他项目在质量管理方面最大的不同，是软件极难依靠质量控制的质检工作在项目后期被动地控制好质量，相反软件项目的质量主要取决于从始至终的质量保证工作的水平。这里说的质量保证工作结合到软件行业，指的是需求管理和开发技术方面的约束和制度，以及对技术架构和代码的评审。开发规范是软件质量保证重要的组成部分，软件的质量是设计开发出来的，并不是测试出来的。

软件的设计对最终质量的影响相对好理解一些，因为如果结构设计得不合理，会导致软件的容错性非常差，而容错性不好就会使软件难以适应外部条件的非预期变化。所以设计质量决定了软件的最终质量的下限。那么为什么说软件质量也是开发出来的呢？按普通人理解，开发就是写代码实现业务功能，代码就是那些代码，谁写都是一样，为什么开发会跟质量有关系呢？因为虽然软件较大粒度的容错性由设计决定，但更小粒度的容错性却并不是宏观设计出来的，而是靠编码过程中工程师对各种软件运行条件的预判和处理而实现的。

软件设计人员通常只负责描述软件在什么条件下完成什么工作，而不会把正常流程以外的所有情况都预测全面，这就会给开发人员留下很大的未设计的可自由发挥的空间。好比建筑设计师会用施工图纸来表示建筑物的形状和结构，但通常不需要具体地指导施工工人，是整栋楼一层一层从下往上整体地盖楼，还是先把第一单元封顶，然后再从旁边从零开始盖第二单元。相信没有哪个施工队是以单元门为顺序去盖楼的。因为建筑施工的顺序属于专业技术领域，有专门的技术常识指导工人，所以对工人来讲每个步骤都有大量的技术沉淀和约束，极难出格。而软件项目不同，设计师无法仔细要求编码层面的事情，实现相同需求的代码，可能有十几种写法，准确说是无数种写法，那么这当中就有很大的个人发挥的空间，这部分空间是软件设计者和项目管理者无法掌控的，是软件开发工程师体现自身能力、自由发挥的空间。现实中虽然有职能经理（如技术经理或开发经理）来把控编码细节，但职能经理也无法在工程师敲出的每一行代码中提供指导和审核，所以真正能决定软件质量的，其实是普通的开发工程师。

建筑项目中随着每一块砖的堆砌，过程没有任何悬念和可选择性，到处是可见的规则在约束着执行，因此施工人员也不大需要去思考怎样浇筑、如何承重等问题。但软件项目留给了开发工程师大量的个人发挥空间，代码是怎样写的对后期主要负责质量控制工作的测试人员来说是黑盒子，不透明的。那么要怎样做好质量保证工作呢？目前主要依靠开发工程师主观的质量意识和专业能力，其次是来自职能经理的制度约束（开发规范）和代码审核。

这里多说一些，QA工程师对应到软件行业中，并不是软件测试工程师。

QA是一个负责优化流程、规范生产过程的高级管理岗位，并不参与具体的质检（测试）工作，QA可以直接面向管理层汇报，提出针对整个生产过程的优化建议，是一个高级管理岗位，而不是职能岗位。与生产车间中大量的质检（测试）人员不同，通常企业中仅设置少量但专业的QA岗位，来辅助或指导管理层开展全面的质量管理工作，而并不负责具体的质检（测试）工作。IT行业中软件测试工程师从事的其实是QC工作。很多软件公司误把QA工程师当作软件测试人员，或把软件测试工程师称为QA工程师，其对QA的理解是不正确的。

设置专职QA岗位的软件公司，QA工程师通常会参与到开发过程和项目管理过程中，督导Code Review（代码评审）或DevOps（一组过程、方法与系统的统称，用于促进开发、技术运营和QA部门之间的沟通、协作与整合）等一些能对最终软件质量和交付效率产生影响的制度建设；而没有QA专岗设置的软件公司，则通常由项目经理或技术经理、项目总监、CTO、PMO等岗位来共同完成QA的工作（主要是质量管理的制度建设和流程审查）。所以软件测试其实是QC而非QA的工作。

3.7.2 高级工程师的价值

为什么说好的开发人员以一顶十是毫不夸张的，因为软件开发不是体力活，并不能靠人数的堆积产生质的变化。十个初级工程师在开发一个业务功能时，都一样会有初级的思维，都会遗漏掉只有高级工程师才会留意的细节。这种差距与工程师的人数无关，这就是高级工程师的价值所在，他能考虑到别人考虑不到的情况，能让程序处理那些设计师没有告诉他该怎样处理的问题。所以高级工程师的真正价值并不是他的产出有多高，写代码有多快，而是在实现业务功能的前提下，在处理软件质量和安全方面会有更全面的考虑，更懂得如何减少后期返工，从而间接降低项目成本，这是高级技术人员的核心价值。

软件质量也不是靠测试工程师来提升的，而是在写代码的阶段，甚至在选择开发人员时就已经确定了。那么是否好的开发工程师就一定会产出高质量的软件呢？从理论上来说是的，但也不绝对。比如微软公司推出过的所有版本的操作系统产品，任何一个产品都是由全世界最优秀的工程师完成的，但这些产品之间仍然有优劣之分，比如昙花一现的Windows Vista和经久不衰的Windows XP就是鲜明的对比。Vista由于质量的缺陷上市短短三年就结束了它的生命周期，而XP在PC操作系统领域流行了近20年。难道说开发Vista的团队里都是初级工程师吗？当然不是。多数时候工程师的水平与软件工程管理的水平是互相影响且共同作用于软件质量的。软件工程师的水平是软件质量的基础，再加上高质量的软件工程管理才可以产出高质量的软件。据称Vista的问题出在了因为过于追求安全性而忽略了对软件兼容性和用户习惯的考虑，显然是摇摆的产品定位和需求影响了软件工程管理的质量。所以最高端的公司，最高水平的团队，出品的软件尚且会有缺陷，何况普通的软件团队。

世上永远没有零Bug的软件，即便是航天飞机的控制系统也难以100%地处理好在软件运行时可能发生的所有情况。通常为了保障软件质量，最直观的做法是提高软件的容错性，让软件可以尽量多地处理各种各样的未知情况。界定初级工程师和高级工程师的能力等级，本质上也是这个逻辑。高级工程师因为掌握的知识多，能预见到的异常情况就会更全面，所以写出的代码相应地更健壮。而初级工程师受限于知识的宽度或理解的深度，几乎全部精力都会花在满足功能需求方面，于是难以处理预期外的异常情况，所以对异常的处理考虑得少，产出的软件质量经不起极端测试。软件的质量除了体现在满足业务功能的程度上，会更多体现在业务功能要求之外，在没有需求约定的方面，当需求之外的条件被触发，在极端情况下软件是否还能正常工作。

我们来考虑一个比较常见的场景：某软件上线前的测试阶段，测试人员发现了100个Bug，在经过开发人员修复并重新提测后，第二轮测试居然发现了150个Bug。距离Deadline（最晚交付日期）不远了，测试工程师和项目经理都有些崩溃。看似诡异的情况，相信大家并不陌生，这就是很多软件开发项目的真实写照。作为项目经理，此时不要第一时间责备你的开发团队，建议你从以下两小章节来思考。

3.7.3 是质量问题还是需求问题

笔者亲历的此类事件中大部分的情况是，测试工程师认定Bug的标准是有问题的，深层的原因是需求的定义对于每个团队成员来说并不一致，对于开发工程师和测试工程师来说，甚至对于不同的测试人员来说，他们收到的需求因为种种原因导致了各自不一样的理解。

比如一个提交信息的Web表单页面，有"性别"字段需要在界面上录入，需求文档中并没有具体要求"性别"这个字段应该以单选框（RadioButton）展现，还是以下拉框（DropDownList）形式展现，那么就留给了开发人员和测试人员各自很大的想象空间。开发人员有可能把它做成了单选框形式，而测试人员看到后，认为"性别"字段以下拉框形式来表现更为合理，所以把开发完成的单选框认定为了一个需优化的Bug。而当开发人员按照测试人员的反馈做出了修改之后，再次提测时，有可能测试人员否定了自己当初的想法，或者征求了其他测试人员的意见后，认为还是单个的复选框（CheckBox）比较合适，所以又把这作为Bug指回给了开发人员，大家在想象的需求中掉进了测试、修改、再测试、再修改的怪圈中。

虽然不管是单选框还是下拉框还是单个的复选框，都能满足业务功能，都可以将"性别"字段以单选的形式展现，但是因为需求文档的描述不够具体，导致了团队成员理解上的歧义。如果开发人员按照测试人员的反馈，在反复修改的过程中，不小心产生了失误，忽略了"性别"字段必填的特性，或者多出了除"男"和"女"之外的第三个性别选项，那么下次提测时就会出现原本一个Bug在处理后变成两个甚至更多个的情况。因为软件成果是一个复杂的整体，开发人员每一次修改代码都是有误操作的风险的，当无谓的修改次数增多，风险也随之增大。原本并不存在的质量问题，因为需求定义得不够具体，反复地无谓地修改代码，可能会演变成真正的质量问题。

这个事例有些极端，但很常见。工作中相似的例子还有很多，比如表单页面被提交后，界面应该跳转到哪里？是否应该弹出提交成功的提示？提示是以对话框形式展现还是以独立的页面展现？等等。很多项目经理或产品经理专注于核心需求，比如业务流程等高维度的需求描述，很容易在需求文档中忽略对一些边缘场景和细枝末节的描述，而这些被忽略的边缘场景就成了没有标准的地带，就会滋生出团队成员对需求的想象空间。要知道对开发人员来说，需求不分轻重大小，往往一个在产品经理看来很不重要的很小的一个功能点的描述缺失，就会让开发人员抓狂。面对不够具体的需求，不做肯定不对，做又没有依据，这是导致项目或产品管理人员和开发人员之间冲突的最普遍的原因。

团队成员对需求理解的歧义，有些是因为项目经理的需求文档不够详细，有些是因为在召集立项会传达需求时，项目经理忽视了测试团队参与的重要性，而仅仅面向开发团队讨论需求，导致测试人员在开发阶段快结束时才开始了解需求，那么此时测试人员了解到的需求，如果与立项会上开发团队收到的需求有任意一点的不一致（有可能来源不同），并且缺少一致且足够具体的书面文档，就会导致开发和测试两个团队对于需求的理解不一致。所以有经验的项目经理会在立项的需求说明会上邀请团队所有角色参加，包括UI设计师和前端、测试工程师等，而不仅仅是开发人员；开发过程中当发生任何一次的需求变更时，也会将变更通知到所有角色，同样也不仅仅是相关的开发人员。

当项目遇到了看似非常严重的质量问题时，不妨冷静下来了解一下真实的情况。如果是因为团队成员对于需求的理解不一致导致的，首先要更新需求文档，具体约定每一处细节，不要给大家任何自由发挥和想象的空间；然后召集所有团队成员重新进行统一的需求说明会，邀请所有团队成员参加，而不仅仅是开发人员，让所有角色对需求重新建立统一的认识。

有些人可能会质疑：所有的需求细节如果都描述得很具体，其实很耗人力，有很多行业中的常识是不需要一一具体描述的，比如用户注册界面，通常用户名是必填项，这本身是一个常识，不管是开发还是测试还是软件用户，对此的认识都应是一致的。所谓常识就是约定俗成的大家都清楚的事情，类似这样的常识不应该在PRD中再次进行说明。这没错，但需要提醒的是，这里有一个界定常识的尺度问题，也就是哪些算是常识不需要约定，哪些不算常识需要具体的约定。如果这个界定尺度在整个团队里是经过统一沟通、认识一致的，无疑会给需求文档的产出节省大量的时间，并且不会影响到大家对需求的理解。但是如果大家对于常识的判定并不一致，比如哪些字段是必填项的问题，项目经理认为大家应该都知道，是常识，但团队其他成员并不这么认为，或者他们有不同的认为，那么就要出问题了。用项目经理自认为的行业常识来精简需求的描述，和放弃所有常识而把每个需求点都具体描述，这两种情况都很极端。建议大家在这个问题上折中处理：先建立团队所有成员对行业常识的统一标准，在此基础上再优化精简需求文档的表述，而不要将自认为是常识的需求点省略掉应有的具体描述。

综上，有时团队成员中不同角色对需求理解的不一致，会导致产生解决不完的Bug，因为没有人知道满足需求的标准应该是什么样子，所以开发和测试就容易进入一个想象空间中的死循环，这个循环中开发人员会因为测试人员的反馈而无数次的修改代码，使软件产生Bug的概率大大增加。面对这种情况如果项目经理没有第一时间找出问题根源，而是责怪开发的质量，开发人员又不愿意追踪需求的一致性，就会不停地按照别人的反馈来修改。因为需求描述得不够具体，会让所有人（包括测试人员）对需求产生很大的想象空间，并根据主观的认知来判定Bug。这就形成了一个怪圈，开发和测试会在这个怪圈中一直跑下去，项目上线也就遥遥无期了。所以出现这种问题，项目经理先不要责怪开发质量，而是应养成阅读Bug的习惯。这里的阅读Bug不是指阅读产生问题的代码，而是指阅读所有的Bug清单。通过阅读Bug清单，项目经理可以清楚质量的现状、质量问题的严重程度、团队遇到了哪种类型的问题、我们离上线还有多远等关键信息。

所以有时表面看起来的质量问题，有可能是因为团队成员对于需求理解不一致而导致的问题。

3.7.4 是能力问题还是态度问题

除了需求理解的一致性以外，开发人员的主观因素也会对软件项目的质量产生直接影响。传统制造业类型的项目，团队成员好比流水线上的员工，各角色以各种固定的模式在流水线上依次加工输入的原材料，某个员工工作状态不好可能会影响他的产出数量，但不一定会影响成品的质量，因为各个环节有相应的作业约束，人的加工速度、操作的角度、原料的配比等都有严格的规定，违规操作是很难完成的。甚至有些流水线是自动化生产，工人只需要看守机器就可以，所以人的主观因素在这种环境下，在约束的限制下，能对成果质量产生的影响已经被降到了最低。但是软件项目则完全不一样，人充当了流水线上全部的角色，既是加工者又是机器又是原材料，人的素质和工作状态会直接影响产品的质量。并且软件开发过程完全是人脑内的思维过程，外人无法强加干涉，在将思考结果以编码形式输出到计算机的过程中，也有不同的算法、代码结构和设计模式可以选择，组织对个人在操作层面很难进行制度上的约束。虽然职能经理，比如开发经理等岗位，有建立开发规范和技术标准的职责，但也仅仅是填补了软件开发制度方面的空白而已，对软件开发真正的可自由发挥的空间无法约束得面面俱到，并且制度很难实时监控，只能事后评审，而评审的质量又依赖于职能经理的投入程度，所以软件的质量难以通过制度进行有效的约束。所以开发人员本身的工作状态，就会直接影响到工作成果的质量。开发人员如果对团队排斥，对需求不理解，对领导不满，通常不会第一时间正面表达出来，而会间接地表现在他的工作成果中。那么当一个开发人员频繁地产生Bug，无外乎就是两种可能，要么是能力不足，要么是工作状态有问题。

多数时候项目经理更愿意认为是工程师的能力有问题，尤其是在项目经理与团队成员还不甚了解的情况下，因为得出这样的判断既简单，又合理，又节省精力。但项目经理还是不妨花精力了解更多一点。在不同的团队中，有的高级工程师仅有初级工程师的产出，有的初级工程师却可以有高级工程师的产出，这个现象也很普遍，其中的原因很复杂，值得项目经理思考。

当你因为一名开发工程师产出太多的Bug并且被多次Reopen而责怪开发人员水平不行、抱怨公司给你的人力资源质量不佳时，不妨多了解一些信息，真的是因为他能力达到了上限，还是有一些情绪化的因素在他的工作状态里？有不少开发人员不善于沟通，一旦别人与他交流时表现得不够友善，或他对周围环境有不满，或准备离职，都会影响到产出的质量，而不仅仅是因为专业能力如何。这个时候项目经理如果能了解到不良表现背后的真正原因，比如需求文档质量太低，很多需求细节表达得不够具体，或测试工程师与他沟通时很不友好，让他对团队产生不认同，更不愿意沟通，发现Bug就改，再发现继续改，再发现接着改，没有了荣辱感和成就感，可能客观具备很高的专业水平，但主观上只想应付工作。此时你的项目里Bug多就不再是技术人员水平问题了，作为项目经理应该反思一下团队建设和沟通管理是不是还有优化的空间。

综上，表面上看起来是质量问题，其实可以折射出很多项目管理的问题，不一定是开发人员的能力问题。当项目经理没有精力具体分析，而把质量原因都归结到开发人员的能力水平上时，项目其实离失败就不远了，你会发现越生气越抱怨，Bug越多。而当你能静下心来读一读Bug列表，重新评估一下你的团队成员的技术背景和专业水平，是否应该产生这样的Bug，你就会发现很多质量背后的真正的问题。

准确地定位问题才能解决问题，质量问题在软件项目中是一个复杂的问题，项目上线前的测试工作改变不了软件的质量，覆盖项目全过程的质量保证工作才能真正决定软件项目的质量水平。质量保证包括项目全过程的团队建设、沟通和干系人管理、范围管理等多方面的工作，需要由项目经理或专职的质量保证工程师来主导。所以当你的项目表面上遇到了质量问题，不妨全面地考察一下项目的质量保证工作，也许会发现项目面临的其实是管理问题。

当然除了上述质量问题背后可能的原因，单纯的由于开发人员能力不足而导致的质量问题，也是有可能的。如果经过分析，确定了开发人员的能力水平是软件质量问题的主要成因，那么按照PMP的管理方法解决起来也很简单，那就是及时申请更高级的资源。但在做出这个决策之前，项目经理应客观认真地分析所有可能的问题，不要轻易下结论，否则会耽误了你给项目治病的最佳时机。

3.8 怎样面对不可能完成的工期

3.8.1 项目管理四要素

PMP介绍的项目管理有三要素：质量、时间、成本。大家知道三要素之间是互相影响的关系，项目中提高某一方面的要求势必会让其他方面产生相应的变化来抵消带来的影响以达到均衡，项目管理三要素始终动态地互相影响、互相制约。但实际项目中真正能参与互相影响和制约的，其实是四要素，第四个要素是范围。

在三要素之间，对于严苛的工期要求，PMP提供了标准的应对办法，那就是在时间要素以外，提高成本或降低质量。这是典型的三要素互相制约的背景下，当某一要素发生变化，为了适配这种变化，另外两个要素应产生相应的变化来重新达到平衡。在互相制约关系中多出的第四个要素，即范围，对于项目经理来说其实是让解决问题的方法多了一种选择——在同样严苛的工期要求下，除了提高成本或降低质量外，还可以缩减范围。

虽然范围在PMP知识体系中不属于项目管理三要素之一，但在实际的项目管理工作中，范围也是一个可以参与互相制衡的因素，我们可以将范围作为第四个要素，与三要素一起互相制约，动态平衡地处理项目中的冲突。

3.8.2　问题的成因

面对严苛的工期，大体有两种情况。

1. 过高的立项目标

如果在立项初期就确立了项目高难度的交付日期，并且明确该项目对时间因素敏感，工期方面不能延误，那么这种情况相对好处理一些。因为在项目早期项目经理可以向组织申请更多的支持，同时也是投石问路，可以借此了解一下公司对项目的重视程度和项目经理的权限范围。组织给出的回应和支持程度，从侧面说明了项目经理在项目中的权限范围和该项目对组织的重要程度。项目经理提前掌握这些信息，就可以提前准备应对项目执行过程中潜在的风险和困难。

在项目早期，项目经理发现了严苛的工期要求也应立即与客户进行沟通，在工期以外的三个要素中，尽量探索到客户认为的优先级排序和可以妥协的程度。比如在工期严苛的前提下，交付质量是否可以降低？成本是否可以增加？交付的范围是否可以缩减？当我们寻求到另外这三个要素中最不重要的一项，即对客户来说最不敏感的一项，就可以相应地调整项目目标，通过其他要素的妥协或降低标准，来抵消严苛的工期带给项目的困难。

比如除了工期紧张外，客户同样也不能接受追加成本，并且质量标准也不想降低，那么唯一可以协商的就只有项目的交付范围。项目经理可以甄别出项目的核心需求和非核心需求，将非核心需求的功能交付排除在本次项目交付的范围之外。同理，如果客户对成本无所谓，但是对质量和范围不想妥协，那我们可以追加合同金额，加派更多的高级工程师参与项目来应对。四要素中如果客户都不想妥协，都想达成既定目标，同时工期的要求也很严格，那么这种情况现实中是不存在的。作为项目经理如果遇到了，只能说明还没有真正搞清客户最核心的关切点。

换一个思路，如果真的所有要素都不能妥协，客户都很在意，那么从理论上来说这将是不可能成功的项目（千万不要以为加班是个办法，加班只会带给项目更多的风险）。此时项目的成功除了要寻求客户的妥协，也应寻求组织的帮助。客户有时因为不够专业，会理想化地提出不切实际的期望，其实是正常的。但项目经理所在的组织或公司，以及PMO不应该不专业。这种情况就算公司不愿意提供额外的资源来帮助项目，也应该从高层发起对话来管理客户过高的期望。如果这两方面的支持组织都提供不了，那这就不是项目问题，而是环境问题，是项目经理很难改变的。

在项目早期，项目经理的沟通效率和对项目的敏感程度会影响到在项目中后期应对风险的能力。如果没能及时与客户取得联系，识别出可妥协的要素，没有及时调整项目目标并寻求到关键干系人的确认，此时项目启动已经迫在眉睫，项目经理在项目启动后将非常被动，甚至会因此而丧失了调整项目目标的最好机会，把自己和整个团队放到了通往项目失败的道路上。所以项目经理在项目早期，要仔细检查项目的所有属性（包括目标和验收标准），及时沟通讨论，把未来的风险控制在立项阶段来解决。

2. 不合理的变更

在项目中后期，客户出于某种原因发起了上线时间方面的变更请求，并得到了批准，导致项目突然工期紧张了。对于这种情况项目经理要十分小心，对项目过程中变更控制的难度和管理的复杂度，要远远高于项目立项之初对项目目标的调整。对于重要变更的控制，会直接影响到项目的成败。对于项目中后期产生的重大变更要严格审查变更控制流程的每一个环节，找出支持变更的依据，以及为应对此变更组织上能给予项目的资源和支持。要充分利用变更审批过程中的依据和文档，来消化这个对项目不利的变更。变更的发起人通常会在提交申请时附上变更所带来的影响和处理办法，如果发起人没有，批准变更的人会有，否则变更请求是不会被通过的。项目经理首先要评估发起人或审批人提供的应对意见，如果发现应对方法不能抵消对项目造成的影响，要及时向CCB提出反馈意见，要把由此产生的责任和影响控制在这次变更的范围中，不要默认变更而直到项目临近上线才暴露出工期的问题。如果变更请求的审批环节不妥，是CCB的问题，但是如果默认了变更然后最终不能如期上线，则是项目经理的问题。

把因为变更而产生的不可控的所有问题都追溯到变更审批环节，与CCB一同解决这个突如其来的问题，要比项目经理一人消化变更效果更好，对项目更有利。如果变更发起人只提了工期缩短的要求而没有提出应对办法，变更审批人也仅仅是通过了变更请求而没有给出消化这个变更影响的方法，那么这是CCB的失职，作为项目经理要第一时间暴露出这个问题，不管会得罪谁都要抛出问题，因为一旦项目经理默认了不合理的变更，就没有改正的机会了，项目失败不可避免，而失败的责任将由项目经理一人承担。

项目永远不是项目经理一个人的，尤其是项目遇到困难时，所有干系人都有义务和权利了解项目的真实处境并为项目的重大决策负责。作为项目经理，面对项目中后期的重大变更，如果变更申请人和CCB审批人都没有给出消化变更的方案，或者方案不可行，那么很简单，向所有干系人通报这一情况，让真实的问题暴露出来才可以挽救项目。就算所有人都无能为力，那么最终的项目结果将是所有人的失败，而不是项目经理一人的失败。

3.8.3 "不可能"是主观的还是客观的

"不可能完成的工期"这个判断，究竟是客观的还是主观的？要注意排除项目经理个人情绪化的结论。当项目发生不合理的变更，或接手一个时间紧任务重的项目，项目经理第一反应是抗拒，在发现抗拒无用之后，很可能会抛出一些不负责任的论断，即"这不可能、这不科学、这谁都做不到"等一系列负面的反馈。所以我们要区分出，"不可能"是经过了缜密的计算，重新计划，综合各方信息得出的有依据的客观结论，还是一种不负责任的主观的结论，这很重要。

作为项目经理应避免经常性地表达负面的情绪，遇到难题首先想到的应该是解决问题。也许任务确实很难，但要在经过调研、确认的基础上，把结果和分析过程一并表达给可以提供帮助的人，而不是不经过调研、确认，只是向无所谓的人或所有人吐露自己的抗拒和不满。职场中发泄情绪是没有意义的，甚至一些负面情绪，在你不经意的表达时，已经不可逆转的损害到了你的个人品牌和形象。项目经理要杜绝主观的"不可能"的表述，这种情绪化的表达对解决问题毫无帮助。要确认你所说的"不可能"是真正的客观问题，才有机会有办法来解决它。

3.8.4 有理有据的谈判

所有问题都有解决办法，但需要项目经理足够理性地分析。如果项目的工期成为项目最大的困扰，那么从理论层面，首先就要从质量、成本、范围这三方面来切入，争取项目目标中在这三方面做出妥协和让步，以此达到平衡，满足工期的要求。降低质量、提高成本、缩减范围这三种妥协方向，在不同的项目环境中，被接受的可能性是不一样的。特别是当我们因为过高的工期要求，而向客户提出其他方面的妥协和让步的提议，客户是很难在一开始沟通就愿意接受的。通常客户会认为他们只负责提出要求，至于怎样达到，是乙方项目经理的事情，不愿意作任何妥协，并且希望项目能在质量、成本和范围不变的情况下来达成新的工期目标。这种比较理想化的期望可以理解，因为甲方通常不会主动考虑乙方实施的困难。作为乙方的项目经理，我们要做的不仅是口头向甲方提出意见，更是要经过客观计算，把计算结果和分析过程以书面形式提交到甲方关键干系人，真正有力的声音是有理有据的分析报告，而不是口头的沟通。

口头意味着主观，意味着凭感觉且没有调查，毛主席说过，"没有调查就没有发言权"。项目经理可以给出不同方面妥协的方案，并且量化方案中的数值，比如增加成本，要增加多少，增加到什么地方，增加后能按新工期完成项目的概率是多少，根据是什么，等等。当你把不同方面妥协的方案以具体数值的形式提交给客户，让客户在可行的方案中做选择题，而不只是口头向客户要求妥协，这将更有可能得到支持。道理很简单，经过调研和计算后得出的分析结果，相比拍脑袋脱口而出的"不可能"，前者更有说服力。况且我们并不是强势地要求客户一定要怎样妥协，而是把可行的妥协方案提供给客户选择，这样甲方和乙方其实仍旧是站在一起的利益共同体，一起想办法面对新的项目工期的挑战，而并非对立关系，更容易统一战线共同面对眼前的困难。而此时项目经理有理、有据、有节的调研和谈判是统一战线、推动问题解决的最有效的方法。

3.8.5　寻求组织的帮助

当项目经理没有足够的话语权与客户协商妥协的方案来调整项目目标时，那么与其接受一个不可能达成的项目目标，不如适当地将事态升级来解决。虽然请求组织的帮助，有时会让领导对项目经理的能力产生怀疑，并且组织也未必会对解决问题有所帮助，但当项目真的产生了项目经理无法控制的危机，而在项目经理的层面与甲方沟通无果的情况下，寻求组织的帮助将是唯一的办法。

项目经理的能力和专业水平并不仅体现在是否能独立解决问题上，还在于需要求助于组织和领导时，你的判断和依据是否准确。能对项目经理的绩效评价产生负面影响的，是原本在项目经理层面能解决的问题却不恰当地上升到了组织层面。盲目地升级问题，才是真正有损项目经理能力水准的表现。而在项目经理的权限范围之内，如果已经做到了利用适当的方法来与客户谈判但仍无助于解决问题，那么升级问题就是必要的，是解决问题唯一的选择。

在任何时候确保公司和领导清楚项目的状态、危机和机会，是项目经理的首要工作。尤其在项目遇到危机时，及时上报问题，并提出合理的解决方案，连同客户对方案的反馈等信息向上汇报，寻求更高层领导对项目的支持，往往会有意想不到的效果。

现实职场中有些甲方确实是没有精力去调研论证一些事情，而只简单地表达某些单方面的需求，把所有由此产生的难题交给乙方去解决，而当乙方项目经理说"不"的时候，他们又没有耐心去倾听，没有精力去论证，固执地认为乙方总会有办法，只是不情愿多做工作罢了。面对这样的客户，走上层路线是最好的选择。

项目经理升级问题，一是把项目的危机绑定到领导层面，不管最终能否解决，问题已经不再是项目经理一人所能承担的；二是高层的资源和智慧，也是属于有利于项目的事业环境因素，理应加以利用。

通常问题升级后，经过双方高层的沟通，甲方不得不重新审视严苛的工期对项目造成的影响，当双方都意识到不得不共同面对眼前的困难之后，可能当初乙方提出的那个一直被拒绝的妥协方案才真正进入甲方的视线范围，才第一次被认真阅读。所以，方案不被接受也许并不是因为方案不可行，而只是没有得到客户的重视而已。所以项目经理一定要重视组织的力量，不要把自己当作项目唯一的责任人和权利人，适当地升级问题，会让一些在项目经理层面难于处理并棘手的问题在更高的层面迎刃而解。

第 **4** 章

职 场 案 例

4.1　来自于组织和领导的压力

　　项目经理小王工作在一家平衡（复合）矩阵架构的To-B互联网软件公司，最近接手了一个新项目，王被项目总监老赵口头通知要负责这个项目的交付，作为项目经理，小王可以随时开始项目工作。

　　小王根据合同和SOW开始与客户沟通，分解了WBS，着手做项目计划。在与客户沟通的过程中发现，客户有很多非功能性需求没有体现在SOW中，而这些需求点对客户来说非常重要，正是因为甲方的这些非功能性需求在投标书中得到了承诺，所以小王公司才会中标，可见这些非功能性需求的重要性。

　　小王发现后赶紧找老赵和销售了解情况，因为项目合同已经签订了，所以前期参与的销售部的同事不大配合，连坐到一起讨论的时间都没有，小王只能分别去找各个售前参与人一点一点地了解情况，经过不懈努力终于掌握了用户需求的全貌。完整的需求弄清楚了，但小王也发现SOW中除了被漏掉的一些非功能性需求以外，某些功能性需求的实现方式也被描述得过于先进，超出了公司目前的技术能力。而售前人员的反馈是，这些过度承诺也是为了竞标成功，无法避免，希望项目组克服困难按照合同完成交付。小王深知被过度承诺的项目目标极难达成，除非公司愿意承担超支的成本，但此时小王选择了先走一步看一步，到验收时再想办法。

　　在确定项目组成员时，公司大部分的开发工程师，因为已经投入其他项目，所以无法参与到小王的项目中。就连没有全身投入项目的小张，在其他项目中仅是临时支持的角色，也声称自己被其他项目占用了，无法支持小王的项目。后来小王请示老赵，才勉强分派了几名开发工程师进组。

　　项目进入执行阶段后，小王发现了一些问题：团队中的一名初级开发工程师小A，其能力并不足以完成项目工作，屡次因为他而延后项目计划；另外一名核心开发工程师小B，是某方面技术的专家，项目中的某些任务只能依赖他一个人完成，但他因为同时投入多个项目，所以在小王这个项目中的可用时间非常难确定，项目计划中的时间要求对他完全不起作用；另外一名高级开发工程师小C，工作态度有点消极，并且好像不太愿意服从自己的管理，经常越过小王直接与领导或客户沟通问题。这些问题小王向领导老赵反馈，老赵笑着说，相信小王可以自己解决。

小王首先与小A沟通，小A非常诚恳地表示自己会尽力完成任务，业余时间也会抓紧充电。但经过一段时间的观察，小王发现小A的提升速度并不快，因为没有其他可替换的资源，所以小王只能接受小A的低绩效表现。

小B已经很久见不到人了，项目马上就会因为小B的任务而产生大的延期。小王跟老赵要人，老赵却说小B在另一个更重要的项目里，暂时无法脱身。

接着小王找到小C，原来小C做技术已经很多年了，目前正打算由技术岗向管理岗转型，刚考取了PMP证书，不愿再专注技术工作，但对于与客户沟通，还是非常乐意的，因为老赵对小C表达过会让小C有负责项目的机会，但小C对于小王在这个项目中已经被指定为项目经理的事并不清楚，所以在项目启动后才频繁接触客户并帮忙解决一些小问题。小王了解后把老赵对自己的委任告诉了小C，希望小C先以技术人员身份做好眼前的工作。

小王刚应付完内部的团队问题，又发现了一个外部问题：项目中一部分非核心模块外包给了供应商Z公司来做。Z公司是一家老牌的软件供应商，与小王公司的高层关系非常好。在项目初期小王并没有参与选择供应商的过程，因为供应商Z是直接由公司领导指定到项目组的。小王发现在实际工作中，Z公司的员工基本都是实习生，产出质量非常低，与对方的项目经理沟通后，也没有任何改善的迹象。因为是高层领导指定的供应商，小王也不好说什么，只能靠自己尽量做好交付物的质量控制，但因此耗费了很多宝贵的管理精力在供应商交付物的测试工作上。

最近甲方客户经常以前期提供的需求有误为由，频繁地调整SOW，要求把原本不属于项目范围内的工作包含进SOW，并且对于一些严格按照需求文档开发完的、已经可以提前见到成果的软件界面要求进行大量的修改。这些变更请求小王都提交到了有老赵和双方高层领导参与的CCB。有几次对一些影响小、成本低的变更请求，大家的态度是不碍大局，批准了变更，小王也没有异议。但后来小王发现，有些影响重大的变更请求也得到了CCB的批准。小王虽然表达出了重大影响的变更将给项目带来的风险，但老赵认为不应该在此时与甲方产生不必要的争执，让小王想办法尽量满足甲方的一切变更请求。

很快项目到了执行阶段的后期，突然有一天老赵通知小王，因为公司财务问题，需要小王与客户沟通，安排项目提前上线，以便提前验收和回款。这给了本来就千疮百孔的项目最后一击。团队加班成了常态，质量和进度已接近失控，小王每天疲于奔命。

有一天小王的同事小张跟小王聊起，公司最近很重视项目的客户满意度，起因是某项目的客户给负责项目交付的项目经理发来了表扬信，以表彰其高水平的管理能力和交付质量，所以公司嘉奖了这名项目经理。一些项目经理听说后，纷纷主动跟自己的客户索要表扬信，有的多做一些项目以外的工作，有的主动加班到很晚，还有的对客户谎称如果收不到表扬信项目经理会被公司绩效惩罚。所以公司近期有很多项目都收到了客户的表扬信，项目经理也都得到了嘉奖。小张建议小王，不妨也跟客户要一个表扬信，别人都有你没有，就好像你的工作出了问题一样，而且公司里很多开发和测试工程师，争相参与那些"有能力要到表扬信"的项目经理的项目，都想通过客户的书面认可来放大自己的价值，而收不到表扬信的项目经理则很难寻求到工程师来支持自己的项目。小王苦笑两声，无言以对。

工作中有时己方的组织或领导不一定总是项目经理的亲密战友，也有可能是项目经理需要应对的麻烦之一。通过以上案例我们发现组织环境对项目管理工作的不良影响体现在以下几个方面。

4.1.1　项目背景交代不清楚

项目经理开展项目工作的前提是充分地了解项目背景信息，尤其是客户的核心关注点，或一些无法体现在需求文档中的隐性需求。这些信息通常是商务阶段的参与人（销售和售前人员）以及项目总监会更清楚，作为一个公司的团队，立项阶段进行信息的全面传承是销售和售前部门应尽的职责，假如由项目经理自己去挖掘发现，将有着极大的风险。假如项目经理在与客户沟通过程中，项目经理以为拿到的SOW代表了用户的全部关注点而不再关注SOW以外的东西，而客户以为项目经理知道了有记录或没记录的所有的需求信息，那么这种误会会从根本上影响到项目目标的准确性。虽然目前很多公司鼓励项目经理提前参与到售前阶段的工作，但不能因为项目经理把工作提前，覆盖到了售前的工作，就允许售前团队的失职失责。项目经理提前参与工作是为了项目最终能成功交付，并不是为了减轻商务和售前团队的压力，该有的信息传递仍然要有，不能因为项目经理的提前介入而让售前团队甩手不管。

本例中这种情况，小王应该与项目发起人沟通，由老赵召开一次售前阶段沟通会，邀请售前阶段参与项目的所有人，要求他们提供所有曾产生的文档和与客户的交流记录，并提供面对面的答疑来帮助项目经理了解项目背景以尽早地进入工作状态。注意会议应全程记录，以便参会人对所提供的信息负责。

4.1.2 项目授权不明确

因为立项是公司行为，所以项目经理的人选指定，是公司层面的动作，要有书面的项目章程，并通知到与这个项目相关的所有干系人。项目经理的委任绝不仅仅是上下级之间，上级对下级交代的一个任务，项目的授权要明确、正式且通知全面。如果仅有项目经理收到项目授权或章程，其他人没有，会导致项目经理在工作中寸步难行，比如组建团队困难，团队的执行力低下，团队成员不服从管理，等等。虽然项目经理应该有能力建立个人威信，但威信不等同于授权，靠人格魅力开展工作的项目经理，一般走得都不会太远。

例中小王因为在公司层面的授权不明确，在组建团队向小张发出邀请时，并没有得到应有的重视和支持。并且也因为项目授权不明确，导致团队中小C的自身定位错误，影响了应有的技术岗位的正常发挥，甚至有可能会为以后小C与小王的合作埋下隐患。

项目经理在开展工作前，要申请正式的项目授权，不论是新成立的项目还是中途接手的项目，都应第一时间要求项目发起人提供项目章程，在项目章程中明确项目组织架构和成员以及汇报关系，并正式通知到所有项目干系人。项目经理在授权不明确的情况下不应开始任何的项目工作，项目章程是项目经理工作的正式起点。

4.1.3 项目经理权限受限

合同审核权

在强矩阵架构环境中，项目经理除了管理项目以外，同时也扮演着销售或售前的角色，所以在合同或投标文件中依靠过度承诺来竞标的情况几乎不存在，因为项目经理在争取竞标成功的同时，也要顾及项目验收的风险。

但在平衡（复合）矩阵或弱矩阵架构环境中，项目经理的售前职能被独立存在的售前团队代替了，项目前期的商务立项由售前团队负责，而后期的项目交付和验收则由项目经理负责。当商务立项和项目验收两个环节由不同的角色分别负责，就会导致在商务立项阶段，售前团队为了达成销售目标，在合同或投标文件中对项目的实施内容做出一些超出实际能力的过度承诺，而把项目的交付和验收的压力统统抛给了项目经理和公司。公司为了销售业绩，有时也默许了售前的行为，但这种饮鸠止渴的生存方式是不可行的。

随着IT信息技术的发展，在一些To-B应用软件领域，软件公司间的竞争非常激烈。很多技术水平接近的软件公司，为了竞标成功，纷纷在投标阶段向甲方做出一些超出自身能力范围的承诺，以此来"增强"自己的竞争力，依靠过度承诺拿下合同，直到项目最终的验收阶段，才暴露出问题，导致项目无法验收。主要原因就是负责商务立项的售前团队不对项目的最终结果负责，为了达成销售业绩，在投标文件或合同中夸大产品能力，随意承诺，置项目的最终结果于不顾，导致公司的销售业绩喜人，但项目的成功交付率却并不高。这其中的主要问题，是缺少了项目经理对项目合同的审核过程。正确的做法是在商务立项阶段，由负责交付的项目经理或PMO审核每个将要签订的合同内容，对合同内的工作逐一确认可行性并且确认满足项目成本的约束，防止售前的过度承诺。

例中小王在项目早期发现了SOW的问题，但是已经晚了，因为已经签订了合同。受制度或权限所限，小王错过了审核合同内容的机会，在后面的项目验收阶段将会非常被动。但小王可以做一些补救措施，比如把过度承诺的合同内容作为重要风险通知所有项目干系人，包括公司的高层领导，以暴露出售前阶段的问题，并申请公司提供额外的资源来满足过度承诺的交付内容。虽然项目最终极有可能以成本超支的方式完成验收，但事已至此，这将是唯一的补救办法。真正能杜绝问题的根本措施，是建立项目经理审核合同的机制，在合同签订前，由负责验收的项目经理来评审合同的内容，以此来促使公司对竞标和验收的努力达到一个平衡点，约束售前团队在企业自身能力和成本约束范围内去争取销售机会。

人事权

如果项目经理没有人事权，不能决定谁加入其团队，也不能决定谁必须离开其团队，那么项目经理对团队成员进行的绩效考核将形同虚设。很多时候项目经理了解到成员的状态并不适合参与项目工作，或者有难以调和的利益冲突，或者是团队成员之间存在个人矛盾，或者某些成员出于个人利益或性格原因不愿服从管理，这些都应在造成更大的损失之前由项目经理提前发现并解决，而往往很多平衡（复合）矩阵和弱矩阵架构的公司里，项目经理没有人事权，表面上看只是对项目经理的团队管理工作提高了一些难度，但其实对项目团队的整体执行力和绩效表现都有非常大的影响。

例中小王对自己的项目团队没有完全的人事权，对小A不足的工作表现无能为力，对小B的投入程度也无法掌控。小王不但无法决定谁来加入自己的团队，甚至也无法决定谁应该离开自己的团队。人事权的缺失是非强矩阵架构环境中的项目经理最受限也最普遍的问题，此时小王应该量化小B的不可替代性和小A因为能力不足而带给项目的风险和损失，客观地评估项目对小B的依赖程度和申请更高级资源代替小A的必要性，与老赵一起讨论因为受限的人事权而自己无法解决的问题，征求老赵的意见或争取更大的项目人事权。

供应商选择权

如果项目经理没有供应商的选择权，就无法对供应商的工作进行有意义的评价。公司指定的供应商，通常服务年限久且非常稳定，带来的弊端就是实际工作中项目经理无法管控这些老牌的供应商团队，即使供应商团队的产出有很明显的问题，项目经理也很难解决。道理很简单，供应商如果有问题，就不会服务于公司这么久，为什么之前没人反映过问题？供应商服务于公司里的很多项目，你的项目中发现供应商有问题，为什么别的项目没问题？正因为这样的"道理"存在，导致了老牌供应商无人可管、无人敢管的现象。当一个人通过千辛万苦坐稳了他的位置，就不想再继续辛苦了，供应商公司也是一样。公司需要的是养尊处优的供应商吗？如果不是，就应该让供应商时时刻刻处在竞争状态，让一线的项目经理用实际表现来评价它的好坏，决定它的去留，才是对企业真正有利的。

项目经理面对权限的受限，一方面应从理论和实际出发，尽量争取PMO对自己的支持，另一方面要更加谨慎细致地开展项目工作，将责任和潜在的风险及时发现并抛给权限更高的人。责和权是正比例相关的，当你的权受限，切忌担下不属于你的责。项目经理要做好的是贯穿整个项目过程的风险识别和监控，要么在第一时间发现并把自己没有权限解决的问题抛给能解决的人，要么申请更高的权限。

4.1.4 组织对项目不够重视

例中的小B因为其他更重要的项目而无法全心投入到小王的项目中，从侧面说明了小王的项目在公司战略层面的优先级定位要低于其他的项目。企业的战略目标我们先不考虑，单纯地从项目管理的角度看，组织对项目的重视程度和优先级定位，最直接表现在项目的关键人力资源的配置方面，比如小B的安排；其次表现在随意提高项目期望，改变项目目标，比如在项目后期突然要求提前上线和回款。这两件事说明小王的项目对公司来说确实不是一个很重要的项目，用人靠后，回款却要提前。公司对项目的不够重视，通常注定会大概率失败。

提前验收对一个身处困境的项目来说是雪上加霜，对一个正常状态的项目也会带来不小的风险，可见来自组织的干扰对项目的影响是深刻且巨大的。作为项目经理，无法通过管理手段提升项目在组织层面的战略优先级定位，只能被动接受，这属于项目的先天缺陷，能做的就是顺势做好风险识别和信息通报，注意划清责任即可。

4.1.5 过于弱势的乙方

对于客户提出的重大需求变更的审批，有些是超出项目经理的可控范围的，此时乙方的领导和组织应承担起合理评审变更的责任。CCB的价值在于客观全面地评估变更带给项目的影响，根据评估结果和各方信息综合判断是否接受变更请求，而不是乙方占有着CCB的席位却一切都听从甲方席位的假民主。CCB并不是摆设，也不是甲方的一言堂，乙方有权利和责任在CCB框架内进行客观评审的工作，这也是甲方所需要的。当乙方的领导或关键干系人不能在项目经理权限之外给予关键支持，控制住范围蔓延，那么项目将会突破范围失控的最后一个屏障，彻底没有了边界。

例中的老赵显然是不想出面与甲方因为需求变更而产生争执，担心因此得罪了客户，所以一味地耗费乙方的能力和资源接受所有的变更请求，认为这些只要通过项目组的努力，就都可以克服。职场中乙方过于示弱的表现其实并不一定会得到甲方的尊重与好感，相反这会表达出自己的不自信和不专业，会纵容甲方进一步提出不合理的要求，也会失去在面对甲方时应有的专业性和话语权。因为老赵的忍让和退缩，让小王也没有了坚持原则的动力，因为大家对需求变更的处理符合规范，CCB的审批结果代表了更高层面更权威的对变更的态度，是高于项目经理一人意见的，项目经理将很难拒绝CCB通过的变更请求。所以面对甲方表现得过于弱势的老赵，虽然不一定是压垮骆驼的最后一根稻草，但一定是其中的一根。

乙方企业在面对甲方客户时，不要过分在意乙方服务提供者的身份，而应该反过来想，甲方之所以需要乙方来完成项目，是因为在这个项目的特定领域甲方是不够专业的，乙方可以在这个领域里帮助甲方完成其不擅长的工作，所以乙方在项目工作中应有充足的自信和责任心，不要盲目地迎合甲方的一切需求，这是一种没有意义的示好，尤其是乙方公司的领导，会因为自己的胆怯和盲目示好而真真切切地毁掉一个项目。面对这方面的风险，项目经理要学会向上管理，找到那个最不能接受项目失败的关键干系人，利用关键干系人的权力和影响力来帮助项目脱困。本例中老赵虽然是项目发起人，但显然还不是那个最不能接受项目失败的干系人，此时的小王应该尝试寻求销售负责人或销售总监的帮助，因为在多数企业中销售业绩的确定和回款，依赖项目最终的成功交付，所以小王可以利用销售总监这一层面的利益倾向，表达出不合理的变更对项目的负面影响，联合相关利益的干系人共同向老赵做工作，推动CCB真正地履行职责。如果销售总监和老赵都置项目的成败于不顾，小王也可以与和自己一样的个人利益受项目成败影响的甲方项目经理深入沟通，表明项目的真实处境，在接受范围变更的情况下，从成本、时间、质量等另外三方面寻求妥协。

虽然项目经理依靠个人能力影响CCB的评审结果很难，但因为不利的组织和环境因素，这也是没有办法的办法。另外对于一些重大项目，引入监理方参与项目也可以缓冲来自甲方的变更压力。

4.1.6 表扬信歪风

这是近些年在To-B领域的互联网和SaaS软件企业的项目交付过程中比较流行的现象。起初是因为某些项目经理确实做出了对客户来说超出预期的服务，客户在圆满验收的基础上，针对项目经理和团队的表现单独提出表扬或感谢，无可厚非。但有两点很关键：

（1）项目经理没有刻意地索取和暗示。

（2）前提是项目圆满验收。

因为有了正常的表扬信的先例，导致某些团队发酵了一种特有的氛围，从客户主动发出表扬信，到项目经理代表整个团队索取、暗示，甚至不惜牺牲公司的公共资源来讨好客户，比如帮助客户完成项目以外的工作，进行一些无意义的加班，等等。另外很多项目经理担心项目最终失败，而在项目进程中提前索要表扬信，甚至给客户表达一种潜台词：你给我表扬信我就会全力投入保障项目成功，否则可就不一定了。有些甲方干系人的个人利益也会受项目成败的影响，所以为了能让乙方项目经理全心全力投入项目工作就做了顺水人情，等到验收时才发现项目结果并没有表扬的那么好。

这种现象与乙方公司的企业环境和文化息息相关。我们理解那些正常收到表扬信的优秀的项目经理，也理解主动发出表扬信的甲方客户，但作为企业的管理者应该有意识地管理这个容易出格的现象，想办法让优秀的项目经理能脱颖而出的同时，杜绝攀比和唯表扬信是从的价值观在团队中蔓延。

其实很多乙方企业并没有意识到这是一个对一线管理团队容易产生困扰的问题，企业的本意是激发其他项目经理的工作积极性，没想到会演变成一股歪风。这是由企业管理者的疏忽而造成的基层内卷，想到了激励，却没想到管理，它给普通项目经理带来了正常项目压力以外的不该有的压力，PMO和管理层需要认真思考。而项目经理则应当以平常心对待，恪尽职守，避免陷入不正当竞争的怪圈中，给自己徒增不应有的烦恼。

4.2　来自于客户的干扰

项目经理小王与客户老张是工作上的合作关系，分别作为乙方项目经理和甲方项目经理共同对项目负责，分工也比较明确，乙方负责软件系统的开发交付，甲方负责协调内部资源提供需求和必要的支持，同时对乙方的工作成果进行验收。

项目刚刚结束需求调研阶段，小王找老张确认需求文档，已经好几天了，老张口头上确认了很多次，催小王赶紧开始开发，却始终不愿在需求文档上签字。小王也明白，老张在甲方公司级别不高，他担心自己签字后如果领导要改需求，小王可能会以需求已确认为由拒绝更改或追加成本。所以老张主观上实际已经确认了需求，但不愿签字，怕担责任，而老张又是甲方唯一指定的项目负责人，小王也无法找其他人签字，所以就决定让团队先进入开发阶段，后面找机会再让老张签字。

项目刚刚进入开发阶段，老张就经常找小王讨论修改需求的事情，因为最近有很多甲方的业务用户找到老张反馈，发现之前提供的需求有一些误差，希望更新一下之前的需求描述。老张向小王说明了原因，小王建议老张直接向CCB发起变更请求。

由于前几次影响不大的变更，CCB都批准了，老张因此觉得CCB处理需求变更请求比较高效，并且几乎也不拒绝，便疏于了对需求的管理，以前是用户找到他，他要反复推敲、分析后才会将变更请求同步给小王和CCB，现在只要用户提出需求变更，他不做处理就立即转发给CCB。因为变更的影响都很小，CCB考虑甲方的诉求也是为了保障项目最终的交付质量，所以批准的请求也比较多。老张于是变更请求得更加随意和频繁，并且很多需求的变更是推翻了之前的变更内容，为此CCB的成员和小王头疼不已。

最近的一次变更请求，不是来自需求方面，而是进度方面。老张的领导通知他，原定项目的上线日期与集团公司召开的数字化转型研讨会时间重叠了，上级要求这个项目要在会议之前上线，以保证老张的公司在会上能有一个较好的业绩表现。老张将这个工期变更通知了小王。临近上线，小王与项目团队正忙于解决软件中数量不少的Bug，听到上线时间提前这个消息，小王和团队成员都比较沮丧，对质量的信心下降到了冰点。

这时的老张还忙碌于领导交给他的其他任务，不时地还会要求小王的团队帮他处理一些项目外的个人工作。因为是甲方客户，小王也不好拒绝，经常安排项目组的成员抽时间协助老张完成工作。项目的人力资源更紧张了。

最近小王找老张确认一些软件的用户权限问题，老张因为忙，因此让小王直接与老张的同事老李对接，小王与老李讨论的结果在后来与老张确认时，发现很多地方与老张的意见不同。因为老张是对项目负责的唯一甲方对接人，所以最终小王还是以老张的意见为准，但却因为与老李的无效沟通而浪费了小王大量的工作时间。

另外小王发现，老张经常会绕过自己，向团队成员小刘直接安排工作。小刘技术能力很强，经常被老张单独要求在软件中提供一些附加功能。小王考虑到小刘接到的这些额外需求都很小，对小刘的工作影响也还可控，所以为了项目的整体利益考虑，不愿因为小事得罪老张，便冷处理不计较。

项目临近验收了，老张告诉小王，他刚刚被调到了其他部门，作为这个项目的甲方项目经理的接任者是老李，甲方领导的意见是避免因为职务调动而影响项目的验收质量，建议由老李先熟悉项目后再开始验收。小王不禁着急了，公司刚催促过项目要尽早验收回款，但面对甲方重大的人事变动，他也无能为力，只好配合老李尽快熟悉项目。不出半月，老李觉得可以谈谈验收的事情了，当大家拿出验收清单时，老李却皱起了眉头。原来验收标准中有要求："核心业务系统应达到稳定可靠"。近期试运行的系统刚刚发生过两次宕机事件，虽然小王给出了故障报告并已做了修复，通过观察确定问题已解决，但"稳定可靠"这个验收标准，让老李和小王都犯了难。怎样算稳定？怎样算可靠？大家都没有一个统一的标准，小王认为不间断试运行30天即可认为是稳定可靠了，可老李作为验收负责人，却不认同这个说法，因此验收工作被拖了很久。

此时小王回顾整个项目历程，发现从老张到老李，在项目中给自己出了太多的难题，本想作为项目经理专心于团队管理和软件的交付，却没想到被客户搞出这么多麻烦，甲方干系人对项目的影响真的是无处不在。为了更好地服务以后的项目，小王总结起这个项目中来自客户带给自己的困扰，具体体现在以下几个方面。

4.2.1 不确认的需求

在瀑布模型的项目中，需求阶段的工作成果征求甲方的确认是必要的，是进入下一阶段的前提条件。但理论与实际还是有差距的。例中的老张是广大甲方项目经理的缩影，位低言轻，虽然面对乙方时普遍很强势，但在甲方体系内通常是基层员工，领导将其指定为甲方的项目经理，通常是为了避免项目失败影响到自己而在管理上设置的一个缓冲。

基于这个背景，甲方项目经理虽然被推在前线，但却不愿意进行一些成果的验收或确认，这是非常普遍的现象。这里面有对责任的担忧，同时受专业能力所限对所需要确认的对象也并不一定有确认的能力，而是处于半掌控的状态。这种情况下，甲方项目经理更愿意给出一个难以追溯的口头确认，来使项目正常走向下一个阶段。作为乙方项目经理，通常有两个选择：

（1）为保障项目进度接受口头确认。

（2）与对方周旋继续寻求正式的书面确认。

小王的做法是前者，可以理解，但非常不利于需求管控。后者是走了极端，有可能损害甲乙双方的合作关系，并且耽误项目进程。这两个方法都不可取，往往合适的办法就在两个极端之间折中。

口头确认不管用，正式的确认又不现实，小王其实可以以非正式但有记录的确认作为确认标志，比如放弃需求确认单的签字而改为IM（Instant Messaging，即时通信）软件的聊天记录，或邮件往来，询问甲方对需求的意见，告知对方三天内如果没有反馈意见则开始下一阶段工作，等等。虽然没有正式签字确认需求，但以非正式且有记录的方式得到客户确认，对乙方来说也是足以进行后续的需求管控的。

要明白项目经理寻求需求确认，是为了管理范围，建立项目的范围基线，并不是真的为了遇到争议时与客户对簿公堂，所以没必要因为一个正式的签字而制造紧张气氛。让甲方项目经理保留住他需要的安全感，通过一个非正式的确认，证明甲方认同了需求，就足够了。需求在任何情况下都是需要确认的，只是确认的方式可以灵活掌握，必要时项目经理可以向组织或PMO请示可选的确认方式。通常乙方企业不会对项目需求确认的方式提出特别严格的限定，因为项目的范围管理和项目的最终成功依靠一个正式的需求确认单是远远不够的，真正依赖的是项目经理的综合能力和甲乙双方互信互利的良好合作关系。所以因为一纸确认单而造成双方的危机局面是得不偿失的。除非是重大项目，有严格的监理制度，很多环节都需要明确的来自甲方的正式签字确认，那么这种项目通常也不会有需求难以确认的问题，不需要乙方为难，监理就会出面要求甲方给出正式确认。

4.2.2 频繁变更的需求

频繁的需求变更是困扰软件项目最为常见的问题。主要原因是受角色定位的影响，通常作为服务提供方的乙方很难在一些小的变更请求中拒绝甲方。有些人认为最初的需求范围得不到正式确认，才是纵容甲方频繁变更需求的原因。其实需求是否得到甲方确认，只是客观技术层面的因素，客观上一个正式的书面确认确实可以约束甲方的违约行为，但实际从项目管理的角度看，甲方在项目过程中会犯的错误很多，违约也会很多，这是不可避免的，是现实的常态，如果每一次违约乙方都用确认过的条款来拒绝甲方，或要求追加成本或赔偿，那么双方的合作关系可能就止步于此了。

理论上来说甲方确认需求后，乙方就可以据此杜绝频繁的需求变更，但这只是理论，职场中的实际情况要远比理论复杂得多。需求的确认，是一个理论的底线，而对双方的合作关系的考虑，则是底线之上更实际更有价值的现实意义。

只靠需求确认单就想管好需求，这没问题，但想达到更大的目标，带领项目成功，则是不够的。相反对甲方完全听从，不断妥协，也是不可能管理好项目的。这是两个极端，都不可能解决问题。所以需要项目经理在理论的基础上，结合事业环境因素来灵活应对。

需求频繁地变更一般来自两方面的原因：

（1）业务需求其实是明确且稳定的，只是因为甲方的工作失误而导致需求文档质量不高，所以需要不断调整有误的需求文档来正确描述需求。

（2）业务需求是未知的，在项目早期所有人都无法提供需求的全貌，需要随着时间和开发成果的交付来逐步明确需求。

本例其实是第一种情况，最恰当的解决办法是通过CCB给老张施压，要求其提高需求的质量。注意是施压而不是拒绝变更。一方面小王可以要求CCB，将每次变更请求向所有项目干系人发出书面通知，包括老张的领导，并且在通知中突出两点：每次变更的申请人和时间、变更历史清单。另一方面小王可以善意地提醒老张：每次经由CCB的变更请求会通知到所有人，包括老张的领导，提醒老张谨慎提交变更请求，最好对变更的频率加以控制并从老张的环节管理好业务用户的需求，这会让领导更放心。

通过这两方面的动作，可以从客观上暴露出变更频繁这个困扰项目的问题给所有干系人，也能让老张从主观上有意识地约束自己的行为，既解决了问题，暴露出了风险，又不会直接得罪客户。

对于第二种情况，如果所有人都不清楚需求的全貌，那么采用敏捷方法来交付项目最为合适。所谓拥抱变化，其实是拥抱未知。在需求需要渐进才能明晰的时候，敏捷就有了用武之地。像本例中老张提出的需求变更请求，并不是由未知的业务需求导致的，而是因为甲方的工作失误而导致的需求纠偏，这种情况即便是敏捷也无法很好地处理，因为敏捷并不能拥抱甲方的工作失误。

4.2.3 不现实的工期变更

变更发生的时间越早，对项目的影响越小。相反，发生的越晚，对项目影响越大。对项目来说最致命的变更，就是临近上线前提出的变更，不论是需求方面，还是工期、质量、成本方面，只要是在临近上线提出的，都会给项目带来毁灭性的影响。例中老张提出的提前上线，在To-B软件的交付项目中非常普遍，经常为了应付甲方的政治任务，不得不让乙方团队突击赶工忙做一团，对项目的伤害是显而易见的。项目经理无法左右外部环境，但可以通过管理方法转移压力。

小王可以利用CCB的存在，把变更的原因、影响、所需要的成本和团队的反馈提交到CCB，由CCB给出最终的审批意见。此时的小王只需要提交客观的与变更相关的信息，不需要发表个人意见，以免造成与甲方项目经理的人际关系危机。小王在提交变更信息之前，要与团队成员确认真正的影响和抵消影响的办法。大家此时不应该想着如何拒绝变更，这不属于项目组的职权，而应该考虑项目管理四要素的制衡关系，从哪一方面寻求妥协才可以消化这次变更。比如是否可以只上线核心功能？是否可以对上线质量降低要求？是否可以申请额外的资深工程师或技术专家加入团队？虽然最后一种办法不见得有好的效果，因为新资源的加入通常会先拖慢项目进度，但也不妨作为解决方案的一个选项提出来供甲方选择。小王可以适当地放大某些要求，尽量地对变更请求施加不利的影响。比如范围方面，只交付很小部分的核心功能；质量方面，每天系统只支持开放运行8小时或限制并发请求数；成本方面，提出一个相对昂贵的人力或设备要求，等等。

不论是多么不合理的变更请求，项目经理都不需要直接表达对变更的态度，只需要向CCB表达出变更的影响和解决方案，通过解决方案中具体的数值的弱化或适当夸大来强调变更的代价，间接左右变更的走向。不论变更通过与否，所造成的后果项目经理都可以拉上CCB共同担责。记住，变更由CCB审批，项目经理没有权利和责任站出来拒绝客户，项目经理只需要把不利于变更的客观数据和影响提交CCB，由CCB表达最终立场。

任何变更经由CCB评审，对项目经理和项目都是有利的，总比项目经理一人拒绝或直接实施变更要好得多。如果是拒绝，将由CCB拒绝，与项目经理无关；如果是批准，则CCB会支持抵消变更影响的方案，有助于变更的顺利实施。所以面对项目变更的困扰时项目经理应善用CCB的变更评审职能。

4.2.4　计划外的工作

例中项目计划外的工作来自两方面：一是小王碍于人情，利用项目组的人力资源帮助老张处理个人工作；二是老张绕过小王直接联系项目组成员小刘来安排工作。后者是沟通渠道的问题，我们后面讨论；前者是比较典型的乙方项目经理被迫利用项目资源帮助甲方完成项目以外的工作。这种现象在职场中非常普遍，虽然损害了乙方公司的利益，但为了双方合作的顺畅，只要项目经理控制好比例，一般也不会造成太大的损失。但是对于已经付出和将要付出的计划外的工作，项目经理应有一个等价意识，不要一味地妥协和包容，乙方项目经理一味地妥协和包容并不会收获应有的尊重和好的结果，相反会加重问题的程度。反而争取等价交换结合适当让步的方式更能让客户懂得感恩，珍惜得到的利益。

所谓等价意识，就是乙方其实没有哪一件工作是白做的，在项目范围外付出的任何一点，都应得到回报。要么换取用户及时的需求确认，要么换取用户减少变更请求的次数，要么可以在验收标准上适当倾斜。总之项目经理要让客户明白等价意识，目的并不是真的要做等价交换，而是以这种方式尽量限制客户提出不合理要求，尽量少地扰乱项目计划。因为当客户提出要求时，往往比较紧急，乙方项目经理不好拒绝，所以在接受的同时使双方建立起等价意识，会有利于后续对干系人的管控。同时项目经理也要注意控制好比例，当计划外的工作比例可控，人力资源也相对不紧张时，可以接受。但是如果客户的要求已经严重影响了项目关键路径的执行，那么就要果断地把你的担忧表达出来，要么取得客户的理解放弃诉求，要么争取组织的支持，调派计划外的资源来处理计划外的需求。说到底这是一个项目经理的管理尺度问题，需要根据环境因素灵活应对。等价意识能很好地帮助项目经理应对来自甲方的计划外的工作诉求，需要项目经理在很多细节上明示或暗示客户，引导客户建立起等价意识。

4.2.5 沟通渠道混乱

例中的沟通渠道有两个方向的问题：首先老张让小王绕过自己直接与同事老李对接，属于甲方项目经理的工作失职；然后老张绕过了小王直接与乙方团队成员小刘对接，是架空了乙方项目经理。虽然沟通渠道的问题并不一定是沟通发起者主观有意造成的，但此类问题在真实的项目环境中是很常见的。作为项目经理，有责任管理好项目全过程中所有的沟通渠道，对于不合理的极易导致项目损失的沟通渠道应第一时间出面干涉。

（1）老张让小王绕过自己直接与老李对接，导致小王与老李浪费了很多精力，却最终没能与真正代表甲方的老张的意见达成共识，这当中的损失是多方面的，时间、甲乙双方的人员、老张的协调、同步信息等动作，都是项目的损失。其实问题是完全可以避免的，小王如果有坚定的沟通管理的意识，就应果断地拒绝老张，宁可晚一点开展工作等待老张，也不应与非责任人老李对接工作，因为在错误的沟通渠道基础上得出的任何结论都是有风险的。从老张的角度来看，这样做的确可以减轻自己的工作压力，但绝不会节省项目的时间，因为不管小王和谁对接，最终小王与对方的讨论结果如何，都需要作为甲方唯一负责人的老张亲自确认才可以实施。所以老张在项目角色没有发生改变的情况下，此举唯一的好处是暂时减轻自己的工作压力，并不会提升项目的决策效率，相反会降低决策效率。这种其实是甲方项目经理的失职行为。小王也许意识到了，也许没意识到，但不管怎样都至少说明了小王缺乏沟通渠道管理的意识。碍于情面不敢开口拒绝是管理工作的阻力之一。

（2）当小王得知老张绕过自己直接安排团队成员小刘工作，应该第一时间明确小刘的岗位责任和汇报关系。汇报关系是一个团队中最明确最重要的沟通渠道，团队中任何一个人都应该只有一个实线的汇报对象，汇报对象的职责是分配工作任务和验收工作成果。在项目范围内如果有除了项目经理以外的其他人对项目组成员进行任务分派，成员应主动向项目经理报备并请示是否接受计划工作的变更。如果成员认为这是项目范围外的工作，与项目经理无关，那么作为项目经理的小王，可以忽略这个计划外的工作而要求小刘按时完成计划内的工作。例中小王为了不起冲突，默认了问题现象的存在，是不对的。默认只会助长问题，从不会消灭问题。小王一方面应该严格审查小刘的计划内的工作成果，不应受其他因素影响，发现延误及时警告、通报；另一方面应与老张私下沟通，表明小刘的额外工作对项目可能造成的负面影响，协商另外申请增加人力资源来解决老张的问题。对于免费给自己申请的额外资源，客户通常是不会拒绝的，况且作为甲方项目经理，也对项目成败负有一定责任，相信通过善意的举措可以及时纠正老张的错误。向公司申请额外资源能否成功并不重要，重要的是及时把小刘拉回到正常的项目工作中。申请额外资源可以作为长期的事情去运作，毕竟着急的是老张，而不是项目。

作为项目经理，工作压力再大，也不要忽略了沟通渠道的管理。有些小的失误可能让你的项目面临不小的威胁，而有些沟通渠道失控了则可能造成难以挽回的后果。

4.2.6 甲方的人事变动

通常乙方作为项目的执行方和服务提供方，其人事变动对项目的影响理应更大一些。但在一些关键节点，比如需求确认或验收环节，需要甲方人员的重度参与，此时甲方的人事变动将对项目造成更大的影响。例中在项目验收前，甲方调换了项目经理，对项目的影响是非常消极的，而这种情况是乙方项目经理无力改变的。

经验丰富的乙方项目经理通常会在项目风险管理计划中将甲方关键干系人的变化记录为一项常规风险，并提早拟定应对方案，比如在合同中增设甲方第二责任人，或者约定一些甲方的重要行为由某部门而非个人来完成，等等。因为有了合同的约束，会间接地促使第二责任人和某部门更积极地参与到项目工作中来。

来自甲方的人事变动不论提前应对得有多完善，都无法完全规避可能出现的各种情况。通常建议在合同中约束一些具体的风险，比如项目验收应由部门而非具体的某个人来完成；再比如我们可以不约束由谁来验收，只约定从满足验收条件起，在多少天内由甲方反馈意见，否则视为验收通过。这样的话在甲方发生人事变动时，项目验收的压力将不再由乙方承担，而需要甲方内部处理由于人事变动带给项目的影响。

例中小王没有意识到项目验收的严肃性，也许是不想正面反驳甲方领导的意见，也许乙方公司确实也没那么着急的验收和结项，总之小王放弃了要求正常验收的权利。虽然问题不大，但最终由乙方承担了甲方人事变更所带来的影响，延期验收。甲方的人事变动确实是项目管理过程中不可预料也难以应对的风险，对项目经理的应变能力和计划能力提出了非常高的要求。希望本例能起到警示作用，项目经理在做项目计划或合同时，应把甲方的人事变动尤其是关键干系人的变更作为一项常规的项目风险予以考量。

4.2.7 不具体的验收标准

验收通常与需求紧密相关。需求描述了什么，验收就要验证什么。需求怎样描述的，验收就要怎样去验证。所谓不具体的验收标准，其实也从侧面说明这个项目包含着不具体的需求，只是在验收阶段才暴露出问题。所谓"不具体"一般指的是不可度量，用主观的形容词来代替客观的可量化的描述。例中验收清单中关于质量的一项"核心业务系统应达到稳定可靠"就是典型的一种非量化的描述。首先核心业务系统没有界定清楚，哪些算核心？哪些算非核心？对如何界定核心业务系统没有明确的说明。其次怎样算稳定可靠？怎样算不稳定不可靠？也并没有可度量的标准。可见关于"核心"和"稳定可靠"，都是非常主观的形容词。实际项目中类似的问题很常见，对于需求和验收充满了一种主观期盼的表述，而不能形成有效的可参考的度量标准。那么怎样的需求表述和验收标准才是具体的、可度量的呢？如表4-1所示，对于核心系统的界定，应明确为"X平台中的W系统和Y系统"。不管X平台包含哪些系统，其中的W系统和Y系统是被明确认定的核心。另外，关于稳定可靠，应是"24小时中99.99%的时间里在0.1秒内完成请求响应"这样可以计量的表述。

表4-1 需求和验收标准的表述

不可度量的表述	核心业务系统应达到稳定可靠
可度量的表述	W系统和Y系统在全天24小时内，99.99%的时间里应在0.1秒内完成请求响应

PMP明确提到关于需求和验收标准必须要可度量的问题，笔者再一次强调，不论是需求的描述，还是验收标准的描述，都一定要用可度量的客观表述来明确约定，杜绝主观描述和形容词的存在，尤其是SOW、WBS、PRD等关键的需求文档和合同。建议验收标准也要在合同中进行约束，合同是最重要的项目文档，对需求和验收标准的描述更应遵循可度量这一重要指标。

例中小王在验收时才发现验收标准不明确的问题，其实已经晚了，这留给了甲乙双方很多扯皮的空间，后面的状况不堪设想。通常甲方更乐于接受这种情况，因为不可度量的表述让验收标准不清楚，那么验收就会取决于验收方主观的判断，对甲方比较有利。甲方认为可靠稳定，就可以通过验收，甲方认为不可靠不稳定，乙方也没有办法，因为没有客观的标准来明确验收的达标值。所以通常在拟订项目合同时，甲方会有意无意地模糊关于验收的标准，或以不可度量的方式来描述验收标准，这是合情但不合理的。作为乙方的项目经理，需要明白这当中的利害关系，甲方有此倾向是有原因的，作为乙方的项目经理要及时留意这样的陷阱，一旦发现问题及时指出并纠正，这样才能在早期消灭掉潜在的风险，在验收阶段才不至于被动地被甲方牵着走。

4.3 来自于团队的挑战

小王带领团队正在进行一个软件项目的开发工作，项目团队中有初级、中级和高级开发人员。其中一名高级开发人员小A让小王很头疼，小A在公司工作年限久、资历深，做了很多年的技术工作，也正在尝试向项目管理岗位转型。小A是以高级技术人员的角色被委派到项目中的，领导希望小A凭借扎实的技术功底，帮助小王分担一部分技术方面的压力，让小王有更多的精力去做好需求和项目管理工作。但小A对项目管理工作跃跃欲试，并且对项目中的一些技术点和需求有不同的见解，经常绕过小王就一些技术问题直接与客户或公司领导交流汇报，甚至在几次成功的建议后，差点擅自修改关键技术方案而造成项目的重大变更。小王与其沟通后效果并不好，小王发现小A好像把自己假定成了项目经理的竞争人选，认为其职场利益与小王产生了冲突，把小王视作了职业发展的障碍和假想敌。眼看个人关系越来越紧张，小王却没有好的办法来解决。

另外一名高级工程师小B，与小A一样钻研技术很多年，但与小A外向性格不同的是小B比较内向，也没有转型管理岗的打算，一直默默地做自己的技术工作。本来小B一直表现良好，但近期小王却发现了问题：项目组约定成员每周向项目经理提交周报，小B一直不太主动，要么是忘了写，要么是草草写一些无关痛痒的工作应付了事。偏偏小B负责的是比较关键的模块开发，该模块的开发进度和实现方式对小王来说很不透明，小王认为这是一个很大的风险。小王尝试与小B沟通，小B支支吾吾表达不清楚，小王问一句小B说一句，沟通起来十分吃力。并且小B还有一个问题，喜欢独来独往特别不合群，工作上也很难与别人形成协作关系，因为技术能力强，所以更愿意一个人单打独斗，没什么团队精神。有好几次小B按照自己的开发习惯先完成了甘特图中自己比较靠后的任务，而搁置了应该先完成的任务，导致依赖这个先前任务的其他几名工程师的开发任务产生了延误，造成了很大的进度危机。小王因此批评小B忽视了项目计划的约束，小B却反驳：“项目计划也不是一成不变，反正任务最终都完成了，结果也不坏嘛。”

小王觉得小B虽然团队协作差一些，但在技术方面可以对小B有更高的期待。为应对未来可能出现的一些项目计划外的工作，小王希望小B能带领初级开发人员利用闲暇时间提前调研某些新技术，作为项目后续工作的技术储备。但小B只对工作范围内的事和自己计划内的工作感兴趣，超出工作范围的一概不参与，哪怕是有助于让自己和团队能力提升的任务也不愿多做。

相比于小B独来独往技术宅的特点，小C作为中级工程师，性格非常活跃，技术水平也不错，但小王发现很难对其委以重任，原因是虽然小C每天兢兢业业工作，但产出的质量和进度都难以达到中级工程师的水平。虽然技术能力不错，但是并没能体现到工作成果上。对项目工作不够投入，工作进度滞后，几次加班效果也不好。小C倒是服从加班，只是时间消耗了，进度却没能追上来。连续几周的进度滞后后，突然有一天小C提出了离职。

面对团队低绩效的产出，落后的进度，不顺畅的沟通，还有把自己当作假想敌的"项目副经理"，小王开始冷静地梳理这其中的问题。

4.3.1 越级沟通，与项目经理争权

例中的小A在自己的职业生涯路线上，已经到了职业转型的关键期。通常技术人员在达到一定的工作年限后有两个转型方向：一是继续钻研技术，向架构师、CTO方向发展；二是带着技术背景学习管理知识向项目经理方向发展。很明显小A选择了后者。但是对于还没有完成转型的小A来说，过早地进入项目经理的状态其实对自己、对项目都是不合适的。

对于小王来说，团队成员中发现"刺儿头"首先要分析成因。通常敢和项目经理叫板的成员，大都有着不错的专业能力，尤以资深的员工居多。这种叫板大体分为两种情况：一种是针对人的叫板，简单地说就是与项目经理不和，仅仅是人际关系冲突；另一种就是例中的小A的情况，表面上看是与项目经理搞对抗，其实内在原因是他的职业生涯遇到了瓶颈，急于用职场转型来打破这个瓶颈，而过急的角色转换导致了在工作中与小王的冲突。如果小王不加以分析，很容易因处理方法不当而激化与小A的个人矛盾。所以项目经理遇到冲突应先冷静地分析，不要武断地正面对抗。小王面对这个问题，已经分析出小A与自己对抗背后的原因，那么处理起来也很简单，可以从以下三个方面入手：

（1）将工作困扰通报自己的领导，请求领导的协助，要求领导再次面对小A的直接汇报和沟通时，明确表达出对自己的支持，提醒小A修正汇报关系。

（2）知会客户，明确沟通渠道，小王才是项目的乙方唯一对接人，除小王外的任何团队成员的言行不能代表乙方的立场，提醒客户避免无效沟通。

以上是从客户和领导两个方面重新明确沟通渠道。项目经理无法要求项目干系人中谁与谁沟通或不沟通，但是对于哪些沟通渠道是正式的、有效的，哪些沟通渠道是非正式的、无效的，必要时应重申并提示大家。

（3）小王应与小A开门见山地聊聊职业规划的问题，不论小A在管理理论方面取得了怎样的成绩，但没有授权就进行管理工作将寸步难行，建议他先做好技术工作，并表达出授权对于项目管理工作的重要性，没有授权的项目经理

在工作中会多么的出力不讨好，等等，建议小A在以后的项目中争取到明确的授权来开始真正地转型。

以上三个方面的动作相信能解决掉小王的烦恼。如果小A对抗的原因并不是自己的职业生涯遇到瓶颈，而仅仅是针对小王个人的不满，那么小王只需采用前两个动作，同时做好人力资源风险管理就可以了。

其实项目经理遇到来自下属的对抗，只要管理好项目的沟通渠道，争取到领导的支持，就可以轻松化解。重点要关注该下属计划内的本职工作，必要时更新风险管理计划，因为此时下属的对抗表现已经是项目的一个风险，做好风险监控，发现工作延误和质量问题要第一时间通知所有干系人，并且对其适当地施加项目压力，推动其将精力正确地投入到计划工作之中。

4.3.2 沟通障碍，不总结、不汇报

例中小B的表现，是典型的资深技术人员不擅沟通的现象。对于主观上搞对抗、不愿汇报、不想沟通的员工，运用项目管理方法比较好处理，但是对于那些主观态度没问题，仅仅是单纯地不擅长沟通，不知道怎样汇报以及汇报什么的人，是比较难办的。有沟通障碍的技术人员普遍存在，项目经理与他们沟通时需要花费更多的耐心和精力。虽然沟通差，但其忠诚度和稳定性通常都比较好，所以凡事应两面看。

团队成员沟通的缺陷需要项目经理在工作中投入更多的精力来应对，在分派任务时可以安排一些相对独立或需要技术创新的任务给他们。对于必要的汇报，项目经理可以提供指导性的模板，或每周划出一些时间专门以站立会的形式与大家面对面地收集进度。技术人员往往很不愿意花时间在开会上面，认为会议会降低大家的工作效率，那么恰恰在大家开始反感站立会的时候，告知其定期写周报发周报，就可以取代当前的站立会，让大家在开会和写周报中二选一，效果会比强制写周报更好一些。

面对团队成员的沟通障碍，项目经理也应重申明确项目的沟通汇报机制，并且把这个机制的执行纳入到每个成员的绩效考核当中，利用考核、个人利益、奖金等因素强制大家重视工作总结和汇报。另外项目经理要人尽其用，尽

量挖掘每个人背后的优点。比如有些人喜欢钻研技术，就让其主导技术创新；有些人稳定性好，就分配长期且核心的任务给他。总之沟通不好是技术人员的通病，需要项目经理多花一些精力明确沟通渠道，主动地帮助大家打破沟通壁垒。

4.3.3 自我设限，没有团队精神

职场中像小B一样自我设限，画地为牢的技术人员也很普遍。这类员工对工作范围内的事情或可以掌控的任务没有怨言，但很反感超出工作边界哪怕一点的额外工作，似乎项目计划应该是完美的，只要有一丁点计划外的工作，就是别人的失职，而自己永远也不应该为别人的失职来买单。这是职场中这个群体的内心潜台词。

工作为了挣工资，不愿在工作范围外为团队多付出一些，其实客观来说并没有错。我们每个人都是通过自己有限的劳动获得有限的报酬，在报酬不变的情况下，如果有限的劳动变成了无限，那么就意味着个人劳动的贬值，而且这个无限的工作谁也不能保证是偶尔还是常态。所以拒绝边界外的工作固化在了某些人的潜意识中，每当收到边界外的工作信号时，会下意识地抛出拒绝的态度，这其实是一些人在职场中的一种自我保护机制。团队精神在这样一种潜意识的自我保护下，对个人来说已经不重要了，甚至可以没有，只要完成计划的工作就可以赚到工资，而团队精神和额外的工作会给完成原计划的工作带来极大的风险，会干扰到计划工作，因此工作中表现得封闭一些对自己才是有利的。

但现实中几乎没有不出现偏差的计划，计划出现偏差就一定需要人来纠正进而产生计划外的工作，而这一切不能仅依靠计划失误的项目经理来解决。另外公司付给员工工资，也不仅仅是因为员工的工作数量，软件开发是一个智慧集中型的创造性工作，它与计件付薪的劳动密集型手工加工业不同，不能单纯地以工作成果的数量来衡量价值。如果一位软件开发工程师认为自己的工作与鞋厂工人一样可以通过计件来付薪，那么他也许并不能理解软件的特殊性和价值，也并不适合从事软件开发的工作。

软件开发除了代码行数、实现的功能数外，还有软件运行的速度、容错性、扩展性等非常多的评价维度，软件是逻辑的蓝图。蓝图是结构、关系、计

划、成果等因素的综合表达，不能以纸上画了多少条线来衡量制作蓝图的工作量，只会画线的工人是做不出蓝图的，绘制蓝图需要工程意识和全局意识。同样地，靠堆砌代码来计件挣工资的人是做不出好的软件的。另外公司付工资给员工，参照的也绝不仅是技术能力这一项水准，员工的性格、学识、沟通能力，甚至样貌都是公司愿意付出的原因之一。自我设限的人把这一切都想得太简单了。

项目经理遇到自我设限的下属，不需要打破他的保护圈，但可以尝试与他聊聊职业生涯和未来的规划。技术在发展，不迎接变化就要被变化淘汰。当一个人的职业生涯或钻研的技术方向有了明确的奋斗目标，人不自觉地就会走出固步自封的状态。所以一个自我设限的员工，很有可能他的职业前途是迷茫的，职业规划是不明确的，甚至也没有短期的奋斗目标，这时项目经理可以在职业规划甚至人生规划方面给予一些诚恳的建议，引导员工建立起自己的发展目标。比如，如果小B更倾向朝CTO的角色发展，那么小王可以提醒小B，CTO可不是单纯的技术岗，而是一个综合管理岗，更需要技术以外的沟通、情商、团结下属、向上汇报、团队协作等能力，小B应该尽早在团队环境中锻炼这些方面的能力；如果小B想向项目经理发展，那么项目经理对项目的全面责任、人际关系、谈判技巧等很多要求是超出了技术人员的认知的，需要先系统地掌握管理理论知识，建议小B从PMP开始学习。由此一点一点地建立有效沟通，打破他的自我设限。目标建好了，给自己设的边界自然就突破了。

项目管理工作中团队建设是很容易被忽视的工作，帮助员工做好职业规划其实本应是企业管理者和项目管理者应尽的职责，是团队建设的重要手段，是项目管理对内工作的一部分。如果这部分工作没做好，就会让员工迷茫地在原地打转。很多表面上的员工不良的工作表现和绩效问题，都可以通过分析成因实施针对性的团队建设方法来解决。

团队精神是主观的东西，没有办法强制员工一定具备，尤其对一个刚组建的团队来说必然是没有什么团队精神的，通常是团队成员共同经历了一些事，达成了一些目标，才会慢慢形成团队精神。现代社会节奏加快，铁打的项目流水的兵，过于灵活的组织架构和快速更迭的项目使得团队精神更加珍贵。我们通常所说的团队精神其实指的是每个人在团体中的协作意识，当一个人没有协作意识其实也是自我设限的一种体现。因为对自我封闭的人来说协作意识并不能直接地转换成个人的利益，所以一些发展目标迷茫的员工就会因此陷入自我设限的怪圈，放弃沟通与协作的机会，只追求完成分内的工作。与上面一样，帮助员工做好职业或人生的规划，建立起实际的奋斗目标是解决问题的有效方法。

4.3.4 不服从项目计划

项目计划中不仅规定了任务的完成时间和责任人，同时也约束了任务之间的先后顺序和依赖关系。打破了依赖关系和先后顺序与违背了完成时间和责任人的要求是同样严重的问题。项目计划重在执行力，如果项目计划的可行性有问题，那么在项目进入开发阶段之前，团队成员集体评审项目计划时就应该提出来，否则将视为全员遵照项目计划执行的一个承诺。个别团队成员出于自己的开发习惯或心情，或者是发现项目计划经常变化就忽视计划擅自挑拣任务来完成而不是按照计划的先后顺序来完成，这是项目计划的执行力出现了问题。

项目计划的变更是很常见的，但绝不能因为变更的存在而影响到项目计划的权威性。作为整个项目的基准，只要是可见的、有记录的变更就都是可控的，可控的变更数量哪怕再多也并不可怕，可怕的是不可见的、没记录的、团队成员擅自做主的变更。

例中小B作为资深开发人员，对所负责的任务有充分的把握，所以忽视了项目计划的约束，按自己的主观顺序来完成任务，这对一个开发人员来说只是完成任务的先后顺序不同，但对项目的执行来说影响是巨大的，尤其对处在关键路径中的任务的依赖关系尤为重要。任何的变化都可能导致项目整体交付时间的变化，这是开发人员无法承担的后果，所以作为项目经理实时地监控项目计划的执行是必要的日常工作，并应加强团队成员关于项目管理方面的知识培训，让大家能从更高的层面理解所进行的工作。PMP并不只适用于项目经理，对于参与项目工作的所有角色的成员都是有益的。

项目经理可以从两方面来确保项目计划的执行力：

（1）频繁地监控项目执行，尽量以更小的管理粒度进行日常检查，周报或日报是很好的方法。尽早主动发现问题，及时纠正。

（2）为团队做一些管理知识方面的培训，提升成员的团队和整体意识，让大家理解计划的意义和每个人的工作对项目的意义，以及对其他人的影响，以此规范成员的行为。

除了监控项目执行和管理培训这两方面的措施，对于已经发生的偏离计划的行为，项目经理需要严格参照项目计划进行纠偏，并对产生计划偏离的成员进行客观的绩效评价，必要时发起项目变更请求来消化不利影响，针对执行力较差的个人提出批评和警告，并将此作为一项人力资源风险，更新风险管理计划。

4.3.5 绩效低，出工不出力

例中小C作为中级开发工程师，技术过关，沟通能力强，遇到加班时也任劳任怨，但是工作绩效产出不高，很明显是个人能力和精力并没有真正地投入到所负责的工作当中。这也是困扰很多项目经理的一个现象，有些员工能力并不差，各方面表现都很好，综合素质也不错，但就是工作方面不令人满意，给人一种心不在焉、不够投入的感觉。对于不是因为能力不足而导致的绩效问题，一般是无法通过加班来解决的。因为从能力水平来说，这个人即使不加班也完全可以做好，那么现在没做好，显然不是因为缺少加班。通常这个时候项目经理应该从员工的个人情况切入了解，要么是工作状态出了问题，要么是个人生活出了问题影响了工作状态。

有时很容易因为领导对自己的不信任、自己对领导和团队的不认可、升职加薪受阻、计划跳槽等原因对日常工作的状态产生影响。例中小C没有明显的能力短板，团队中也没有明显的人际关系冲突，工作中也不存在缺乏信任的情况，那么考虑到小C综合能力优秀却工作在中级工程师的岗位，可以推测是因为个人利益而对公司产生不满。小王应该与公司领导沟通，聊聊小C的能力和最近的表现，了解一下小C是否向公司申请过升职加薪而被拒绝，一般个人诉求被拒绝后的员工产生跳槽的想法进而无心工作是很普遍的情况。如果小王能及时找到问题原因那么处理起来就会主动而有效，可惜小王错过了分析问题的机会。

员工如果主观工作态度出现了问题，必然是有背后的原因的，项目经理不应该放任这个状态存在。就算员工不是因为个人利益，也会是其他原因。了解每个成员的工作状态、情绪、个人生活是项目经理进行团队建设的基础。

这里多说一些，团建，并不只是吃吃喝喝那么简单，团建是全方位的团队建设，包括团队成员的心理建设、职业生涯规划和团队制度建设等，一些管理者用吃吃喝喝来代替真正的团队建设工作，实在是曲解了团建的本意。

面对工作上心不在焉的小C，小王最应该警醒的是团队建设的失职。除了职业发展方面，也应该私下了解一些小C的生活情况，人际关系、团队协作、个人健康、家庭琐事等都有可能影响工作状态。项目经理面对小C这样的员工时，应该花些精力分析背后的原因，帮助员工解决真正的问题。就算解决不了，像小C极有可能是因为个人利益在公司层面得不到满足而心态消极，但是如果能找到根本原因，可以让项目经理主动规避将会带给项目的危害，提前处理潜在的风险，做好人力资源备份，也是非常重要的。

绩效表现出问题通常只有两种原因，一是客观能力不足，二是主观心态不端。小C显然是后者，心态的问题虽然稍微复杂但可以通过有效的团队建设工作去解决。如果是能力不足，项目经理及时发现并做好人事调整或备份就可以了。

职场中还有一种情况，也会导致员工对项目的投入积极性不高，那就是弱矩阵或平衡（复合）矩阵架构中，项目组成员与项目经理并不是实线汇报关系，而是虚线汇报关系，甚至有时是平级关系，真正能评价项目组成员工作绩效的是各自所属的职能经理，而并不是项目经理。在这种环境中，项目组成员出工不出力的情况也很普遍，需要项目经理频繁地与职能经理沟通协调，才能让项目组成员真正地在项目中有所投入。这无疑增大了项目经理的工作强度。这种并不是人为的问题，也不属于来自团队的挑战，而是组织环境决定的。要想解决此类问题，要么接受增大了的工作强度，通过项目经理的勤奋和人格魅力来争取职能经理的支持，要么重新思考自己的职业定位，重新选择适合自己的项目管理环境。

4.3.6 突然离职

员工离职与项目的变更一样，发生得越晚对项目的影响越大。虽然很多项目经理在项目启动阶段就会把员工中途离职当作一项风险来考虑，但是并没有好的办法来应对项目组所有成员都存在的离职风险，所以需要项目经理基于对团队成员的了解，持续地进行团队建设进而不断地更新风险管理计划，有针对性和预见性地管理好员工离职的风险。应对离职风险的前提是要了解团队成员。虽然每名成员都有离职的可能，但通过持续的团队建设可以更精确地定位风险。例中小王看到了小C的不良表现，但并没有与员工离职的风险联系到一起，错过了最佳的补救机会。

应对员工离职的最直接的方法，是人力资源的冗余和备份，但这需要项目投入更多的成本来支撑，一般的项目难以满足。在软件项目中可以采用结对编程，或每个任务设置主副两个责任人，使大家的工作有尽量大的交集来达到局部的人力资源冗余备份。但这需要项目经理付出巨大的管理成本，在编制项目计划、资源日历以及监控项目执行时，会使原本简单的管理工作变得复杂，也增大了团队成员的工作强度。所以应对员工的离职风险，成本最低、最可行的办法就是持续的团队建设，使大家的工作状态、进度和内容透明，在此基础上项目经理可以有选择地针对表现异常的成员实施重点监控，必要时再申请额外资源来进行风险应对和人力资源备份，或采用局部的交叉工作制。员工离职风险的应对方法一般是先通过低成本的团队建设来识别主要问题，尽量使有限的成本花在高风险的局部，所以风险识别也是团队建设的一个潜在的目的。小王应该从项目启动就开始持续地进行团队建设和风险识别工作，并且持续地和领导保持沟通，在小C向公司提出个人诉求时就开始着手离职风险的应对。

项目中没有替代不了的人，只有替代不了的工作。员工的离职表面上看是人力资源的危机，其实是工作的唯一性和不可替代性对项目造成了影响，关键要解决的是项目工作的传承。所以除了进行人力资源的备份和在团队成员间尽量多地安排工作交集之外，项目经理更应该在监控项目执行方面投入更多精力，使每个人的工作内容公开化、透明化。但是依靠员工主动地向外沟通或所有员工主动地互相沟通都不现实，这其实是项目经理的工作，当其他人无力介入别人的工作，或者团队不具备结对编程的条件，那么作为项目的中枢，项目经理应当每时每刻了解每个人的工作进展和细节，做好每个人的备份。这听起来有点理想化，项目经理怎么可能成为每个人的备份？但是没办法，项目经理只有在困难的推动下，才有动力更细致地工作，更认真地监控。这也从侧面说明，监控项目执行并不是一个务虚的动作，而是实实在在地跟踪、监控，持续不断地识别问题、解决问题，是一个需要耗费大量精力的务实的工作。

管理和困难的关系是互相影响的，管理可以解决困难，为了应对困难也会促使管理工作进化得更加细致。团队成员突然离职这样的风险，无法真正避免，唯一有效的应对就是项目经理更加细致认真地做好项目监控和团队建设工作，做好每个人的备份，抓住核心工作，使人的不可替代性降到最低。

4.4 来自于供应商的管理危机

小王作为乙方项目经理正在负责一个软件项目的交付工作，项目范围内的一部分成果需要采购另一家软件供应商丙公司的产品，丙公司的项目经理小刘需要在丙公司的产品基础之上为小王的项目进行少量的定制化开发。

丙公司是行业知名的软件服务提供商，具有很高的市值并且在行业中技术优势明显，形成了多年的技术垄断。在POC阶段小王见证了丙公司的强大的产品实力，在POC环境中软件运行流畅，性能稳定且具有极好的开发扩展性。丙公司的高层领导也非常重视与小王公司的合作，承诺将提供优质的服务和高质量的交付成果，因此成功中标了采购合同，并委派小刘作为丙方项目经理与小王对接。

项目进入执行阶段，小王发现小刘的团队加班频繁，本来难度并不高的开发工作却延期了很久，并且延期后的交付质量也并不理想。小王为了不影响项目对甲方的正常交付，要求丙公司马上解决进度和质量问题，并给出问题说明。但丙公司的项目状态依旧，交付物仍然有很多Bug无法解决，小刘也迟迟无法给出进度和质量失控的原因说明，只是偶尔跟小王诉苦，表示他的团队成员非常辛苦，为了项目已经天天加班、累倒了好几位同事，等等。

后来因为进度和质量问题，即便小王提议要根据合同约定扣减丙方的违约金，也没有得到丙公司的正式回应。后来丙公司非但没有认可违约责任，反而因为项目耗时和占用的人力资源过久而向小王表达出追加合同金额的诉求，小王据理力争及时与对方谈判，才勉强让丙公司认识到自己团队的问题而放弃了追加合同金额的念头，但与此同时小王发现自己主张的丙公司的违约赔偿也是无从谈起了。因为小王深知丙公司产品在行业中的垄断地位，虽然项目状态不理想，但没有其他可备选的公司或产品来应急或代替，所以小王对甲方客户的整体项目交付实际上已经被丙公司产品的不良表现"绑架"了，丙公司团队的低绩效产出成为了项目整体交付的最大瓶颈。

小王不禁担忧起来，发现供应商团队摆到自己面前的难题主要体现在以下几个方面。

4.4.1 没有功劳，只有苦劳

作为采购方，最担心的恐怕就是供应商团队的工作只有过程没有结果。相比于没有过程，这种有过程无结果的状态会更让人沮丧。一个项目如果无法开工，也许是因为资源不足或不具备启动条件，一般经过商务或高层领导的推动就可以解决。对于一个项目团队来说，不怕有能力而开不了工，就怕开工后没能力完成工作。项目顺利开工，结果却不令人满意，首先应该搞清楚是对方团队能力问题，还是外部条件的问题。对方是否需要小王的支持？需要哪些方面的支持？自己能否提供？对方对项目的需求有没有理解正确？难题是否可以从需求层面化解？等等。首先要明确问题的边界和性质。

例中面对小王的质疑，小刘的诉苦完全没有意义，这种只强调主观的辛苦而忽略客观的问题，实际上是掩耳盗铃，团队的辛苦付出并不能掩盖执行力低下的事实。

如果小王确认这是一个对方团队内部的能力问题，那么要避免陷入一个圈套：通常一些采购方的项目经理因不忍无视对方的努力和每天兢兢业业的加班，感动之余不好意思正面追责，反而深入对方团队试图帮助其分析问题走出困境，但也许这就是噩梦的开始，很容易让对方团队成员解读出一种错误的信息，"看吧，连客户都搞不定的难题，看来我们解决不了也是正常的了"。因为某些无效的外部介入，而将自己团队的能力问题正常化，职场中这种滑稽的思维并不少见，所以此时的小王最紧要的是给问题定性和划清界限，便于客观追责。小王有能力投入的、对对方有帮助的，应及早提供，否则就应升级问题。

例中小王没有过度关注小刘的诉苦，而是理性地以威胁扣减违约金的方式来升级事态是非常正确的，但在升级事态之前缺少了必要的沟通。虽然当服务提供方遇到技术问题时，不推荐采购方越界参与，但是也不应走极端，必要的沟通还是要有。沟通时要有清晰的边界意识，在我方能力范围内可以提供的且对对方解决问题有帮助的，要在不影响我方计划内工作的前提下尽力提供支持。一旦信息同步完毕，发现是对方内部的能力问题，项目经理要及时地升级事态引起双方高层的重视，推动对方组织的资源投入和支持，在对方组织内部来寻求办法解决没有功劳只有苦劳的问题，因为外力直接参与这种团队执行力低下的问题是很难起作用的。

4.4.2 达不到承诺的交付标准

很多软件项目在前期招标阶段，供应商提供的POC软件的质量都非常好，很容易给采购方造成一种错觉，那就是POC的表现代表了软件的真实能力和供应商正常的集成水平。虽然从理论上来说，这么认为是没问题的，POC环境也是供应商真实的工作成果，但POC环境的软件因为是处在售前的关键阶段，关系到供应商能否拿到项目订单，所以往往POC环境的软件表现其实是供应商最高执行力下的最佳表现，最佳意味着很难再重现。

听起来令人吃惊，但现实确是这样。作为软件服务供应商，核心技术人员代表着公司的最高技术水平，而核心技术人员在企业中是数量极少的，企业通常会把这部分极少的核心技术人员安排在能为企业直接产生效益的关键环节和岗位，一般在产品形成稳定版本后，会有一部分核心技术人员参与到售前和POC阶段的工作来协助销售，此时的核心技术人员其实是被全公司所有项目共享的。一般哪个项目处在销售的关键阶段，就会把代表着公司最高水平的核心技术人员分配到那里以此来辅助销售。所以POC的软件通常质量比较好，有着最佳的性能表现，那是因为其是供应商核心技术人员的工作成果。售前阶段的供应商面对采购方时，其内部执行力是最强的时候，一切资源和技术都会向售前阶段的潜在项目倾斜。

经过POC阶段，如果顺利签下合同，供应商会组建真正的项目团队来进行项目的实际开发和交付工作。此时的项目团队已经与POC时的技术团队是完全不同的两个团队，所以行业中也就出现了供应商提供的软件在POC阶段十分理想，但最终交付的软件质量非常一般的普遍现象。

作为采购方的项目经理，实时了解供应商的内部组织和资源投入情况，才能进行有效的项目监控。对供应商进行质量管理的最佳实践是将POC环境保留，以此作为交付物的质量基线，在项目进行的每个小节点，如每周或每两周，将成果软件的运行质量与POC环境的基线作比较，发现有质量下降的趋势在第一时间发出通报，要求供应商在不影响项目进度的情况下及时纠正。软件质量依靠的是全过程管理，并不是最终环节的质检控制，对供应商的交付成果来说也一样。如果最终交付时才发现供应商的交付质量差，那说明采购方的项目经理没有做好应有的项目过程管理和监控。

在项目过程中如果发现供应商的交付成果出现问题，不论是质量还是进度方面（通常进度落后的项目最终交付质量都不会很高），首先及时通知双方关键干系人，如果在约定时间内没有解决问题没能使实际进展回到计划内，应推动采购方的领导向供应商高层领导施压，敦促其投入更优秀的资源或改进措施来保障项目。其次，如果高层推动的效果不好，项目经理要记录风险，准备违约索赔，以此再次向对方施压。

另外在签署采购合同时，应明确供应商的交付标准和违约办法，最好不采用一次性验收和大比例首付款的方式，而是采用阶段性验收和阶段性付款，以此间接推动供应商的优质技术力量持续地投入到项目中。

供应商的交付质量问题，可以通过两个方向来解决，一是推动供应商的内部优质资源向项目倾斜，二是违约索赔。但不论哪一种方法，都需要采购方项目经理做好密集的项目过程管理和监控，才有机会在第一时间发现问题并采取措施。例中小王在发现小刘团队频繁加班时就应该向双方干系人通报风险，小王的问题一是过程管理失职，采取措施过晚；问题二是没有利用高层领导的影响力来帮助项目。虽然希望以违约索赔的动作来提高对方组织的重视，但效果并不好，最终如果进行真正的索赔，将是双输的结果。

4.4.3 店大欺客

通常如果供应商团队在项目过程中交付遇到了问题，并收到采购方的质询，应第一时间分析问题成因并给出说明和改进措施。例中小刘的诉苦算是对小王发出的质询的一种非正式的回应，但这种非正式的回应是远远不够的。项目是严肃的，是公对公的商业行为，小刘此刻应该一方面协调内部资源确定问题原因和解决计划，另一方面代表公司给出一个正式的问题响应和说明。小刘在公司内部方面的行动我们不得而知，有可能进行了必要的工作，但从结果来看并不理想，大概率是小刘在面对公司内部资源的竞争时出现了问题，也就是丙公司面对小王这个项目，高层的重视程度并不够，内部执行力出现了问题。虽然售前阶段得到了丙公司领导的承诺，会全力支持和重视该项目，但显然那是丙公司当时为了促进销售的行为，在项目执行中并没有得到落实。

执行力的问题除了与公司的管理水平相关以外，也与公司对不同项目的重视程度有关，从公司层面看，项目之间不同的战略优先级定位也很重要。前面说过，POC阶段的供应商往往会投入优质的技术资源来提供产品演示，而进入真正的项目阶段后优质资源就会被转移到其他需要POC的项目中，而由普通的技术人员来完成采购方的项目落地。当项目过程中出现问题，可以申请之前参与POC的优质技术资源来解决问题，究其原因，一是项目团队客观上进行了技术能力升级，二是曾参与POC工作的技术人员比较熟悉采购方的实际环境和业务诉求，解决问题会事半功倍。但小刘并没有争取到优质资源的支持来解决问题，可见在资源分配上，丙公司内部对小王的项目并没有足够的重视，或者说小王的项目对丙公司来说在战略优先级的排序上并不靠前。考虑到丙公司的背景，这并不奇怪。小王虽然是采购方，但丙公司作为行业龙头企业，服务的客户不只小王一家公司。在完成合同签订取得了销售业绩后，小王的项目极有可能因为丙公司有限的优质技术资源被转移到其他项目，而很难再得到高质量的支持。

如果说小刘的非正式回应和对内申请不到资源来解决问题，还有可能是小刘个人的工作失误的话，那么当小王提出违约索赔后，丙公司不理会甚至要求追加项目金额，那就是对项目的真正漠视了。"店大欺客"和"技术绑架"等现象在IT行业中并不少见，很多超级公司作为供应商服务于一些中小企业，在合同签订后，项目的执行力都是一个大问题。虽然从角色上来说采购方是花钱的一方，理应强势一些，但实际工作中采购方被供应商"绑架"的案例比比皆是，大部分是因为供应商公司在行业中的技术垄断使采购方没有相似的竞品可选择，在供应商团队暴露出问题时，作为采购方只能被迫宽容，被动等待供应商的解决进展。

店大欺客这种现象较好的应对办法是在合同阶段清晰定义项目失控的判定标准和违约条件以及处理方法，在法律层面来进行风险管控。另外在招标阶段，采购方在考虑供应商产品实力的同时，也应考虑到项目实际的执行力风险，毕竟企业实力不一定代表项目结果，尤其对于在行业中一枝独秀的龙头企业来说，实力虽强但并不见得会大比例投入到项目中。在选择供应商时不妨考虑在相似体量和实力的企业中进行择优，当供应商或供应商产品的表现低于预期，可以将其他的同水平的竞品作为备选，这样能更好地抵御项目风险，避免因为供应商技术垄断的优势而对采购方形成技术绑架的劣势。

小王在项目早期没有考虑到超级供应商可能存在的资源分配和内部执行力问题而给项目带来的风险，以及自己管控此类风险的能力，选择了行业龙头的丙公司。丙公司虽然客观上产品实力强但主观上并没有对小王的项目产生足够的重视。如果小王走上层路线施压也没有好的效果，那么只能通过违约索赔来抵消项目的损失。

对于项目中已经形成的技术绑架，因为小王公司在招标时过于追求产品实力而选择了行业中技术垄断的丙公司，导致当供应商产品出问题时没有相似水平的竞品可以使自己摆脱困境，这种局面将很难改变，只能通过高层路线施压和法律手段索赔两个举措并行来推动供应商团队改善执行力。

综上所述，很多项目管理问题最有效最彻底的解决办法，往往是事前的防火措施，等到问题产生后再开始救火，其实可 选的解决办法就已经少了一大半。项目经理更大的价值并不是做那个人人夸赞的救火英雄，而是利用项目管理知识和经验做好防火措施的无名英雄。笔者希望这样的观点能被更多的企业管理者和项目经理认同，并能对我们的日常工作产生一些有益的影响。

附 录 常 用 术 语

英文缩写	英文描述	中文描述
IT	Information Technology	信息技术
PMP	Project Management Professional	PMI定义的项目管理专家
PMBOK	Project Management Body Of Knowledge	PMI定义的项目管理知识体系
PMI	Project Management Institute	项目管理协会（美）
PMO	Project Management Office	项目管理办公室
SOW	Scope(Statement) Of Work	项目工作范围
WBS	Work Breakdown Structure	工作分解结构
CCB	Change Control Board	变更控制委员会
PMS	Project Management System	项目管理系统
SaaS	Software As A Service	软件即服务
POC	Proof Of Concept	软件功能验证（演示）
PRD	Project(Product) Requirement Document	项目或产品需求文档
QC	Quality Control	质量控制
QA	Quality Assurance	质量保证
Deadline	Deadline	最晚交付日期
PM	Project(Product) Manager	项目（产品）经理
BAT	Baidu & Alibaba & Tencent	国内IT一线巨头企业
IM	Instant Messaging	即时通信
To-B	To Business	面向商业客户
To-C	To Customer	面向个人客户
IOT	Internet Of Things	物联网
TPM	Technical Project(Product) Manager	技术项目（产品）经理
UAT	User Acceptance Test	用户验收测试
CEO	Chief Executive Officer	首席执行官
CTO	Chief Technical Officer	首席技术官
COO	Chief Operating Officer	运营总监
CMO	Chief Marketing Officer	市场总监
Bug	Bug	软件运行时难以被发现的缺陷和问题